CHRONOS

Enfermera y reportera

La historia de mi vida

Luz Mora

europa
ediciones

© 2025 **Europa Ediciones** | Madrid

www.grupoeditorialeuropa.es

ISBN 9791256960972

I edición: julio del 2025

Curadora: Zatsha Contreras Placchetta

Distribuidor para las librerías: **CAL Málaga S.L.**

Impreso para Italia por *Rotomail Italia S.p.A. - Vignate (MI)*

Stampato in Italia presso *Rotomail Italia S.p.A. - Vignate (MI)*

Enfermera y reportera

La historia de mi vida

AVISO AL LECTOR:

Este libro recoge mi versión personal de los hechos. Como toda historia humana, existen múltiples perspectivas; esta es exclusivamente la mía. Los nombres, situaciones y recuerdos están filtrados por mi subjetividad. No pretendo ser objetiva, sino honesta.

Queda así constancia para evitar malentendidos y, por supuesto, demandas.

Dedicado a Celia,
por empujarme a escribirlo cuando dudaba,
por leerme incluso entre líneas,
y porque este libro existe solo
porque tú exististe primero
—creyendo en mí cuando yo no podía.

Tu hermana, que te debe las verdades bien dichas.

Índice

Prefacio 11

Capítulo 1: Salida de emergencia 15

Capítulo 2: De enfermera por accidente a periodista en potencia 35

Capítulo 3: Periodismo, Erasmus y Niza: reconciliándome con la enfermería 49

Capítulo 4: Madrid, Pablo y mis primeros pasos en la tele 67

Capítulo 5: COVID – La llamada inesperada (y cómo decidí responder) 79

Capítulo 6: Los entresijos de la televisión 89

Capítulo 7: Lo malo de la tele 127

Capítulo 8: El amor en tiempos de Tinder 157

Capítulo 9: La decepción de mi vida 173

Capítulo 10: El descarte. Un final sin cierre 269

Capítulo 11: Duelo, recuperación y secuelas del abuso narcisista 283

Epílogo 301

Apéndice 305

Sobre el autor 307

Agradecimientos 311

Prefacio

Cuando decidí embarcarme en la escritura de este libro, tenía varias opciones sobre la mesa. La primera era gastarme esos casi 4000 euros que me iba a costar la edición en pillarme un vuelo a Vietnam como mochilera, a ver si tenía más suerte que con Tailandia y nadie me jodía el final del viaje. La segunda opción era congelarme los óvulos, por eso que llaman la "caída en picado de la reserva ovárica a partir de los 35" y así poder asegurarme un bonito "embarazo geriátrico" a mis 40 y de paso no morirme sola rodeada de gatos y que mis hijos no deseados pudieran limpiarme el culo en mi vejez.

La tercera opción era darme el gustazo de escribir un libro de todas mis desgracias y anécdotas. Dado que mi psicóloga insiste en que el autocuidado y la validación son fundamentales, no hubo más que hablar. Aquí estamos...

Con este libro aspiro a tener mi propia voz, a autocuidarme, a concederme el gusto de plasmar por escrito todo aquello que me ha sucedido y que merece ser compartido, de no guardármelo sólo para mí, y de contribuir a que quienes me lean, al menos, unas buenas risas se lleven. (Y también algún que otro conocimiento sobre enfermería, televisión y abuso narcisista)

Y, puesto que este libro surge para narrar mis desventuras y anécdotas, no podía faltar una de las preguntas que más me acechan en la vida: "¿Periodista y enfermera? ¿Cómo es eso? ¿Pero de cuál ejerces? ¿De las dos?".

En efecto, soy ambas cosas y como siempre que sale el tema, la curiosidad que despierta esta combinación es total, decidí que este libro fuera también una respuesta a esas preguntas.

Para explicaros cómo una enfermera termina estudiando otra carrera, periodismo, y acaba trabajando simultáneamente en dos profesiones que, aparentemente, no guardan relación alguna entre sí.

Para que conozcáis cómo una de ellas me da alas y la otra me devuelve a tierra firme, recordándome lo importante de verdad.

Pero este libro no es solo un intento de explicaros cómo he llegado a trabajar en ambas profesiones, sino de compartir con vosotros mi historia entera. Con las mayores alegrías y mayores sufrimientos, y quizás sean estos últimos los que terminen inspirándonos más en compartir nuestras desventuras, con el propósito, si es posible, de que nadie cometa nuestros mismos errores. Algo que podréis ver en la última parte de este libro donde hablo de mi momento actual, de mis sueños y de todo el camino recorrido.

Porque, al fin y al cabo, contar cómo he llegado hasta aquí —trabajando en un programa de televisión diario y en un centro de urgencias de enfermería hoy en día— no es ni más ni menos que la historia de mi vida.

Lo importante es esto: estar listo en cualquier momento para sacrificar lo que eres por lo que podrías llegar a ser.

Charles Dickens

Capítulo 1: Salida de emergencia

El uso extendido del término *bullying* en medios y conversaciones habituales se popularizó a partir de los años 90 y 2000, especialmente con el auge de internet y el *cyberbullying*. Antes de eso, el acoso escolar se consideraba una especie de rito de iniciación, como si sobrevivir a insultos y collejas te convirtiera en una persona de bien. ¡Mira tú qué suerte la mía!

Ser víctima de *bullying* durante la infancia es, de hecho, uno de esos momentos que, para bien o para mal, han moldeado mi personalidad, influido en mis decisiones futuras y, probablemente, alimentado mis inseguridades (que, seamos sinceros, nunca faltan). Pero, ojo, no quiero que esto suene dramático ni que nadie saque los Kleenex, porque si algo he aprendido en la vida es que todo, absolutamente todo, puede verse desde el humor. Incluso cuando eres el blanco de los motes más creativos de la historia escolar. Aunque, para ser justos, la más ingeniosa de todas fui yo con la respuesta que le di a uno de mis acosadores.

Porque, vamos a ver, ¿quién dijo que la infancia era la etapa más feliz de la vida? Desde luego, esa persona no tenía compañeros con demasiado tiempo libre y ganas de perfeccionar el arte del apodo humillante. Pero bueno, lo cierto es que aquellas experiencias, lejos de hundirme (o al menos, no del todo), me dieron una lección de vida: Me enseñaron a empatizar con el dolor ajeno y a tener curiosidad por el prójimo, pero también a utilizar el sentido del humor como lo que es: El mejor bálsamo contra las adversidades. Y si se puede usar siendo original y tocando la fibra, pues mucho mejor.

Así que aquí estoy, lista para contar mi historia —quizás con un toque de sarcasmo—. Porque, a pesar de los momentos difíciles, la vida me ha demostrado que es una experiencia divertidísima: llena de personas extraordinarias, situaciones surrealistas y, sobre todo, de motivos para reír. Y si algo quiero transmitir con estas páginas es precisamente eso: pase lo que pase, con una buena dosis de curiosidad y humor, siempre encontrarás una forma de seguir adelante. ¡Al lío, amigos!

Ser el blanco de las bromas

Dicen que la infancia es la etapa más feliz de la vida. Bueno, quizá para algunos afortunados. En mi caso, era más bien una mezcla entre un campo de entrenamiento y un experimento social sobre la crueldad infantil. Si tuviera que definir mi infancia, en una palabra, sería regular (y eso siendo generosa).

Todo empezó cuando tenía cuatro años y descubrí que, al parecer, había una norma no escrita en el patio del colegio que decía que la más gordita del grupo debía ser el blanco de todas las bromas. Y, ojo, que ni siquiera era la más gorda del cole, pero algo en mí debió gritar

16

"elegidme", porque los niños decidieron que yo era la candidata perfecta para su entretenimiento.

Al principio, lo típico: "gorda". Originales, ¿eh? Aunque insisto, para original yo, que recuerdo responderle a mi vecino:

"Oye, no estoy gorda, es el chándal que me hace pompas" ... Bendita mi todavía autoestima de hierro a mis seis años, porque luego, con el tiempo y viendo que yo no tenía la costumbre de quedarme callada, fueron subiendo de nivel. Pasé de "gorda" a "albóndiga", de "albóndiga" a "Bomba" (gracias, King África, por este legado), y cuando adelgacé en sexto de primaria, lejos de dejarme en paz, se reinventaron: "Luz fundía". No sé si me querían llamar inútil, apagada o si simplemente se quedaron sin ideas y la luz se les fundió a ellos, pero ahí quedó. Y supongo que ahí quedó también por mi respuesta.

Recuerdo cuando estaba en mi casa, lloriqueando, contándoselo a mis padres y diciendo: "Papá, en el cole se ríen de mí y me dicen Luz fundía", a lo que mi padre, sin inmutarse ni mirarme, me respondió: *"Pues diles tú que le besen el culo a tu tía"*. Y ni corta ni perezosa, al día siguiente, cuando empezó el cántico diario de ¡LUUUZ FUNDÍAAA!, respondí con un escandaloso ¡BÉSALE EL CULO A TU TÍAAA! Jamás se me olvidará la cara del niño que no sabía por dónde le había venido aquello... Por fin, la situación se dio la vuelta, y, como por arte de magia, ni un insulto más. ¡Joder papá...! Ya podrías haberme enseñado poesía y pareados un poquito antes y me hubieras ahorrado como unos seis años de patadas en el culo y burlas sin tregua.

Para mí, el colegio no era ese lugar de aprendizaje y amistad del que todo el mundo habla, sino una auténtica pista de obstáculos, donde la meta era no ser pillada. Salir de clase se convertía en toda una película de acción: tres puertas, distintas alturas y una única misión... elegir bien para evitar un achuchón o patada.

Cuando faltaban diez minutos para las dos, me encontraba pensando apresuradamente: "¿Por qué puerta salgo hoy? ¿La de arriba, la normal o la de los pequeños?" Si tenía la suerte de elegir la puerta correcta, a veces lograba escapar ilesa. Me hice una auténtica gacela y, a pesar de mi sobrepeso, era la niña que más rápido corría. y es que la práctica lo es todo en esta vida. Pero otros días, siempre había alguien que decidía que era el momento perfecto para humillarme sin motivo alguno.

Recuerdo una vez en particular: una niña decidió pegarme sin razón aparente. Le pregunté:

—*Pero ¿qué te he hecho yo?*

Su respuesta fue:

—*Nada, es que me aburro.*

Me golpeaba simplemente por entretenimiento. ¡Hobbies variados los suyos!

La situación me afectó más de lo que yo misma comprendía en ese momento. A los seis años, empecé a hacerme pipí en la cama. Coincidió con el embarazo de mi madre, como si mi cuerpo quisiera avisar de que algo no iba bien. Pero en casa tampoco encontraban la solución. Mi madre me llevó al médico, quien le dijo que tenía que ser por algo psicológico, ya que no tenía sentido que controlara el pipí sola desde los dos años y, de repente, comenzara a orinarme como quien abre el grifo cada noche.

Mis padres hicieron las averiguaciones pertinentes, pero en el colegio, los profesores les dijeron que no tenía problemas para relacionarme con los demás niños y que todo estaba bien... ¡Qué digo yo!, ¿bien, bien? ¡Pues mira, no sé!

Recuerdo haber pedido ayuda a mis padres y decirles que me pegaban. Mi madre, enseguida, me dijo que vendría a recogerme al colegio, porque, sí... En los pueblos los niños van solos al colegio sin miedo a que un violador o pederasta les haga algo en el camino de 300 metros de vuelta a casa. Pero ni de broma iba yo a permitir que me acompañaran. ¿Para qué? Para que me llamaran chivata y me dieran una tunda por chivata y gorda... Qué no, hombre, ¡Qué no! Así que me tocó aguantar. Y seguir corriendo cual gacela.

Y, como si la niñez no fuera ya lo suficientemente complicada, estaba el tema de la ropa. Mi madre tenía un gusto muy particular a la hora de vestirme: algo así como 'princesa de cuento infantil', justo cuando yo empezaba a querer ser una preadolescente en plena era de las *Spice*

Girls, con calentadores por debajo de las rodillas, plataformas de vértigo y pantalones de campana.

Mis compañeras parecían salidas directamente de la portada de la Superpop, mientras yo seguía embutida en mis vestidos de muñequita de porcelana. Y claro, aquello también era motivo de mofa. Porque, cuando un grupo de críos decide amargarte la existencia, cualquier excusa es válida.

Debí intuir que la escuela iba a ser un campo de batalla desde mucho antes. En la guardería ya me había estrenado en el noble arte de sobrevivir al acoso infantil. Recuerdo el día en que un chico mayor, de esos que ya te sacan dos cuerpos con sus 14 años, me llamó desde el segundo piso: "Niña, niña, ven, que te llama la maestra", me dijo con toda la cara dura del mundo. Le cogí la mano, le seguí, y cuando levanté la mirada al segundo piso con la inocencia que solo tienen los cinco años... ¡pum! Pelotazo de baloncesto directo a la cabeza. Si no me quedé tonta —y, créeme, no me quedé— es porque mi cabeza es más dura que el granito.

No hace falta decir que odiaba la guardería con todas mis fuerzas y conseguí evitarla durante dos o tres años. Pero luego, mis padres decidieron que era buena idea apuntarme de nuevo. Yo, evidentemente, no estaba de acuerdo. Y no es que fuera exagerada, es que aquello era una auténtica jungla y yo, claramente, no estaba en la cima de la cadena alimentaria.

Aunque la infancia no fue precisamente un camino de rosas, también hay momentos que, aunque pocos, todavía me sacan una sonrisa. Como cuando aprendí a tocar el piano y logré tocar una canción con las dos manos. Eso sí, me desapunté en un verano porque, como ya he dicho, la rebeldía me venía de serie.

En el cole, aunque no todo era color de rosa, me daban premios en concursos de creatividad: poesía, lectura, cuentos, dibujo… ¿Era buena? Ni idea, pero siempre acababa premiada. Y ahora agradezco esos momentos, pero en aquel entonces recuerdo que me quedaba muy desconcertada porque no me creía que yo pudiera ser buena en algo.

También estaba mi amiga Loli, que con sus cuatro añitos ya me pedía que le enseñara a dibujar. ¡Menuda presión! Mi infancia no fue un festival de fuegos artificiales, pero de vez en cuando aparecían estas pequeñas joyas.

Luego vino aquel concurso de cuentos. Después de hacer el mío, mi vecina —que no tenía ni idea de qué escribir o, más bien, prefería que su criada (yo, durante muchos años)— se lo hiciera, me pidió ayuda. Y claro, con la imaginación desbordada, le hice su cuento también. Resultado: se llevó el premio y hasta colgó el diploma en su casa, bien a la vista. ¿Qué si dijo que lo había escrito yo? Ja, ja. No. Y la tía dormía a pierna suelta, sin una pizca de remordimiento. Era mala, malísima. Y sí, los niños pueden ser tremendamente crueles. Esta lo era y lo peor es que yo la idolatraba.

Lo cierto es que, durante mi infancia, solo quería ser aceptada por los demás niños: tener con quién jugar y pasar desapercibida para evitar convertirme en blanco de *bullying*. No destacar. Ni para bien ni para mal. Recuerdo una vez en el colegio cuando el profesor nos pidió hacer un dibujo y, al terminar, seleccionó los tres mejores para que los demás votáramos por el que más nos gustara. El mío fue uno de los elegidos, junto a los de otras dos compañeras. Pues bien, ni siquiera yo misma voté por el mío —que al final solo recibió el voto de otra niña —. El profesor, indignado, me preguntó por qué no había votado por mi propio trabajo. Aquello fue una señal inequívoca de mi necesidad de aceptación: prefería no molestar por destacar, incluso si eso significaba unirme al rechazo hacia mí misma. Y esto es importante porque, desde muy pequeña, ese germen de duda, esa falta de confianza en mí valía y el miedo a mostrarme tal como era sin temor a molestar a los demás, fue calando hondo en mí.

Recuerdo que, conforme crecía en el colegio, también empezaba a rebelarme. Fue cuando entendí que debía defenderme por mí misma, aunque muchas veces no pudiera controlar la situación. Un ejemplo claro ocurrió en quinto de primaria: unos niños me tiraron agua por la parte superior del baño (aquella que no llegaba a cerrar del todo). Ni lo pensé dos veces: salí y les devolví el favor mojando a todos los que encontré a mi paso. Defensa propia, ¿no? Pues el resultado fue un mes entero castigada en el recreo cuando fueron a chivarse a las profesoras.

En sexto, durante la unidad de astronomía, que me flipaba, yo me sabía todo de memoria y vi a una pobre compañera mía sin tener ni idea de responder en el examen.

Ni una sola pregunta, así que le dejé que se copiase. Cuando los profesores vieron que los exámenes eran clavados, le hicieron las preguntas oralmente a Soraya. Obviamente, no supo contestar.

A ella le pusieron un cero y a mí, aunque mi examen tenía un diez y era el primer diez que sacaba en mi vida, me calzaron otro cero por dejarme copiar. ¡Un diez inolvidable!

Mi refugio

"Sí había momentos oscuros, pero en esos instantes sombríos, cualquier resquicio de luz puede ser un refugio, y en mi caso esa luz era mi abuela Clemencia."

A sus 90 años sigue siendo la más querida de la familia. Recuerdo que venía a recogerme al colegio y me llevaba a casa. Era la que más me protegía. Ahora me da un poco de melancolía verla mayor, pero sigue siendo un referente para mí: es súper lista, buena, divertida y tiene un corazón que no cabe en el pecho. ¡Es una diplomática nata! Nunca se mete en líos, y de verdad, es la auténtica matriarca de la familia.

Jamás olvidaré la historia del lobo en la ventana… sin duda, fue la anécdota de mi infancia. Una noche me quedé a dormir en casa de mi abuela. Mi abuelo, tan protector como siempre, insistió en que no me dejara sola en la habitación y, aprovechando que había dos camas, mi abuela se vino a dormir conmigo.

23

Yo, que no me enteré del cambio de camas, lo que sí noté fue que, a medianoche, justo al lado de la ventana (donde estaba la cama de mi abuela, sin yo saberlo), empecé a escuchar un sonido extraño, como un "grrrrrrrr" de bestia salvaje. Entré en pánico y empecé a gritar: "¡Abuelitaaaa! ¡¡Abuelaaaaa!!". Mi abuela, medio dormida, me contestó: "¿Qué te pasa, hija mía?". "¡Abuela, que hay un lobo en la ventana!", le solté. Y ella, estupefacta, me dijo: "¿Qué lobo ni lobo? ¡Duérmete!".

Yo intentaba obedecer, pero el problema era que, en cuanto mi abuela se dormía, "el lobo" volvía a rugir. Después de escucharme unas 20 veces con la misma cantinela, mi pobre abuela, ya desesperada, me preguntó: "Pero, hija mía, ¿qué hace el lobo?" Entonces me puse a imitar el "ZZzZZZzzzZZZZ GGRRRrrr".

Y ahí estaba la revelación: el lobo era ella, roncando en mi oreja. Siempre me meo de la risa cuando lo recordamos juntas, viendo cómo ella también se descojona. Os lo digo: es la mejor.

También viene a mi memoria otra anécdota que siempre me recuerda ella. Yo era muy traviesa, muy inquieta, muy nerviosa, muy curiosa y, en definitiva, una niña descubriendo el mundo en casa de unos abuelos ya cansados y mayores que se armaban de paciencia conmigo. Como no paraba quieta y siempre rompía algo, me ponía a abrir cajones como una descosida y no la pensaba buena. Mi abuela, para que me entretuviera, me pedía que la peinara, y así pasaba las horas mientras mi abuelo le gritaba a mi abuela: '¡Niñaaaa, que te va a arrancar los pelos y te vas a tener que rapar!'. Pero mi abuela, que es más lista que el hambre, le decía: 'Manuel, que da igual, que así la tengo al lado y sé que no está rompiendo nada'. Una auténtica genio que se dejaba hacer coletitas en su melena con permanente mientras ella hacía ganchillo.

Es increíble todo lo que la puedo admirar, y sé que no soy la única de la familia que lo hace. Tiene un coco prodigioso. Os contaré que aprendió a leer en un par de meses mientras trabajaba como servicio de un señorito en un cortijo, y gracias a unas clases exprés que dio allí, por pura suerte consiguió aprender a leer lo suficiente como para memorizar páginas y páginas de poemas sobre mi pueblo que le parecen bonitas.

Una vez, mi hermana la grabó mientras recitaba una de esas poesías que solo ella era capaz de aprenderse de memoria leyéndola un par de veces. Cinco minutos de reloj estuvo sin parar de recitarla. El vídeo, que lo hizo público en Facebook, se hizo viral y acumuló más de un millón de reproducciones. Una auténtica locura que solo mi abuela podría conseguir. Mi mayor referente.

Aquellos eran los mejores momentos, pero luego... luego tenía que volver a enfrentarme a la realidad: al acoso, a la inseguridad...

La adolescencia fue mi salvación

La historia del *bullying* no cambió hasta que, por fin, terminé el colegio para ir al instituto. Irónicamente, la adolescencia —que suele ser la peor etapa para muchos —fue mi salvación. Al pasar al instituto y cambiar de grupo de amigos, como por arte de magia, se acabaron las burlas. Fue como si me hubieran dado un nuevo comienzo. Una nueva oportunidad.

Pero, claro, no todo podía ser perfecto. Mientras mi vida social mejoraba, mi relación con mis padres comenzaba a deteriorarse… Toda la rabia que había acumulado durante esos años de colegio por haberme sentido indefensa, ahora se volvía tangible, y quién mejor que aquellos que se suponía que debían haberme protegido para pagar por hacerme sentir como alguien a quien rechazaban.

Por aquel entonces, yo tenía claro que mis padres no entendían ni papa de lo que me pasaba. Sentía que mis opiniones les importaban un pimiento y que cualquier cosa que dijera era como hablarle a la pared. Así que, en mi infinita sabiduría adolescente, decidí hacerles lo mismo: ignorarlos y asumir que no tenían ni idea de la vida. Total, ¿qué podían enseñarme si no supieron protegerme cuando era una cría? Vamos, ni de coña eran fuente de sabiduría.

Y hasta hace muy poco, diría que, hasta mi última ruptura amorosa, la relación con ellos no ha sido precisamente un camino de rosas. Los quiero con locura, y ellos a mí, pero durante muchos años hemos tenido una cicatriz que, con nada, volvía a sangrar. Y roces en casa... ha habido muchos. Si no, que mi padre explique por qué cada Nochebuena se marca un villancico nuevo, aprovechando sus dotes poéticas —como ya os he contado antes— sobre lo que me quejo o lo poco que arrimo el hombro en la campaña de la aceituna. Un soplo de creatividad y sátira en el que nos critica todo lo posible mediante villancicos personalizados creados por él mismo. Todo un clásico familiar que nunca falta en nuestra mesa. Eso sí, también diré en su defensa que cada año le toca a alguien diferente, pero una servidora es de sus blancos favoritos.

Los quiero con locura, no me malinterpretéis. Para las buenas y para las malas, soy lo que soy gracias a ellos.

La primera de tres: Infancia entre burlas y amor

Fui la mayor de dos hermanas y crecí en una familia que podría considerarse estructurada y llena de amor. Mis padres me querían con locura y siempre me hicieron sentir como la niña más deseada del mundo. Mi madre suele contar que, cuando era pequeña y tenían que trabajar en la campaña de la aceituna (porque somos de Jaén, y en Jaén se coge aceituna), lo pasaba fatal al separarse de mí.

Todavía recuerda lo duro que fue dejarme en casa de mis abuelas cuando apenas era un bebé de meses. Y aún le echa en cara a mi padre que, con lo pequeña que era, tuvieran que hacer esa campaña como si fuera cualquier otra. Por mi parte, siempre recuerdo a mi abuela Clemencia muy presente en mi infancia, con un montón de recuerdos bonitos.

Los primeros cuatro años fueron una etapa feliz con mi familia: mis padres, mi abuela, y la vida que teníamos juntos. Cada uno jugaba su papel: el de padre, el de madre... Mi madre, como buena madre, era protectora y, de paso, un poco quejica. No paraba de protestar cada vez que me ponía a jugar y desordenaba toda la casa.

También me atiborraba a comida como si no hubiera un mañana. Yo, que era la niña con más gula del planeta, me comía absolutamente todo. Pero, aunque estuviera llena, a mi madre le daba igual. Para ella, que había crecido más bien delgada, tener una hija con tan buen saque era casi un milagro. Así que me seguía ofreciendo comida con ese amor ciego y entusiasta que solo tienen las madres, hasta que, como el niño del meme, "gomité". Y gracia a ese "gomitar", mi madre dejó de obligarme a comerme esa papilla antes de dormir después de haber cenado lo más grande.

Cuando nació mi hermana, yo tenía 7 años y por fin pude empezar a comer sola. Recuerdo que mi madre muy seria me decía: "Luz María, cariño, ahora que viene el bebé vas a tener que aprender a comer sola" y yo, en realidad, estaba encantada de la vida, en primer lugar, con la recién llegada y en segundo porque por fin dejaría de vivir empachada. Y ahí, con 7 años, dejé de tener sobrepeso y me pasé al adorado normo peso. Recuerdo que una vez el pediatra le dijo a mi madre que no me forzara a comer más. ¡Benditas palabras! Las usé como arma secreta durante meses cada vez que mi madre me insistía en que comiese más.

Hoy en día, seguimos discutiendo sobre si yo estaba gorda o no de pequeña. Mi madre no lo reconocerá jamás. Pero sí, estaba gorda. Y en cuanto me dejó comer a mi aire, dejé de estarlo. Pero no te preocupes Chon, que yo te quiero igual o más.

De rebeldía, amor y amistades que salvan

La adolescencia, esa etapa gloriosa que llega sin previo aviso y cambia todo de un día para otro. No sé si es porque las hormonas están en su máxima expresión o porque realmente nos da por rebelarnos, pero lo cierto es que esa fase fue un torbellino de emociones, situaciones extrañas y descubrimientos. Y sí, como todo adolescente, tuve mis momentos de desahogo y mis ratos de caos, pero también de crecimiento, claro.

Es curioso porque, aunque ya había dejado atrás los típicos juegos de infancia, como las Barbies, no fue hasta la adolescencia cuando realmente empecé a darme cuenta de lo que me gustaba, lo que no, y lo que me daba más paz que estar en casa. De pequeña, mi pasión por dibujar y pintar me mantenía en mi mundo, pero en la adolescencia descubrí que mis mayores intereses estaban en estudiar, en mis amigos, la música, y... ¡Oh sorpresa! Un primer novio: Víctor. Ah, Víctor, ese chico que me hizo sentir mariposas en el estómago por primera vez, el que me dio el primer beso y el primer todo. Hasta el pensar que me había quedado embarazada y esta historia tiene miga…

Eran nuestros primeros besos húmedos y aprovechábamos para vernos cuando sus padres iban a Granada a ver a su hermano mayor o cuando los míos estaban fuera. Nos frotábamos el uno con el otro y, cuando yo veía mis braguitas mojadas y él sus calzoncillos mojados, pensábamos que su esperma tenía tanto *power* que era capaz de atravesar esos dos tejidos y el de los pantalones de cada uno, y dejarme embarazada.

Recuerdo que en mi pueblo hay una cueva donde está habitualmente el Santo de Valdepeñas de Jaén, que básicamente es un cuadro y al que en mayo se le hace una romería. Esta cueva —donde está el santo— está como a unos cinco km del pueblo. Pues bien, estuvimos cerca de un mes andando con la promesa hacia el Cristo de que, si yo no me quedaba embarazada con 15 años, íbamos a verle andando.

Creo que fuimos como unas cuatro o cinco veces, y también creo que dejé de ser creyente por esa época. Demasiado senderismo. Meses después, conforme íbamos conociendo nuestro cuerpo, también descubrí que no era un embarazo. Simplemente, estábamos con más hormonas de lo que lo estaríamos nunca, y todo era fruto de la excitación.

Estuvimos juntos, con nuestras idas y venidas, unos seis años: desde que empezó el instituto hasta que terminó, y luego lo retomamos otros dos años más. Hoy en día, aún compartimos amistades y somos buenos amigos. De verdad, qué bonito es el primer amor.

En cuanto a mis amistades, Esmeralda, Loli y Juani fueron mi salvación. Si antes había estado rodeada de un pequeño círculo, con ellas la amistad alcanzó otro nivel. Fueron mi apoyo en aquellos días de tormenta, cuando mi vecina y ex 'amiga' —ya sabes, aquella del cuento plagiado que, en vez de agradecerme, se apropiaba de méritos ajenos— estaba a la caza de cualquier momento para ridiculizarme. Gracias a Esmeralda, que me ayudó a cambiar de entorno, pude dejar atrás esa pesadilla. ¡Qué alivio fue liberarme de esa toxicidad! Esa experiencia me enseñó a no dejarme influir por gente que no merece la pena.

Como cualquier adolescente de mi edad —o al menos eso creo—, yo prefería perderme con mis amigos. Los estudios, las salidas, el grupo... ese era mi mundo. Sin duda, marcó un antes y un después en mi relación con la familia. Y, como era de esperar, fue la época en que las malas decisiones hicieron su aparición. ¿Recuerdas la rebelión adolescente? Pues, como buen cliché, tengo varios episodios dignos de recordar…

Por ejemplo, en la clase de informática, una profesora nos borró un trabajo, y ahí se desató mi espíritu de 'rebelde sin causa' en su máxima expresión. Aunque, para ser sincera, sí que había una causa: nos borró el trabajo después de que nos hubiéramos pasado una semana haciéndolo. Éramos la empollona y yo en ese grupo, y que yo me pudiera equivocar guardando el trabajo, vale, lo acepto. Pero, ¿la empollona se iba a equivocar?,¿encima de borrarnos el trabajo, no nos lo iba a calificar después del esfuerzo que nos había costado?, ¿qué clase de profesora de informática teníamos?

Así que, en un ataque de cólera por lo que consideraba una injusticia suprema, grité a pleno pulmón a mi compañera: '¡Si no fuera mi profesora, le escupiría en la cara!'. Con la mala suerte de que la señora me oyó... y, claro, se armó un buen revuelo. ¿El castigo? Tres días de expulsión, pero lo más curioso fue lo que se comentó en la reunión de profesores. Querían que el castigo fuera ejemplar, pero no podía ser algo como una tarea extra porque, claro, yo era una empollona y lo haría sin que me supusiera un castigo. Había que darme donde más me doliera: a mí y a mis padres. Convertirme en la vergüenza de la familia con la expulsión, eso sí que sería un castigo de verdad. Tenía que ser algo que sirviera de ejemplo para los demás, para que todos supieran que aquí no basta con ser empollón, y que a todo el mundo se le castiga por igual.

Solo pensaba: '¿Soy una rebelde?'. Lo pasé mal esos días —aún recuerdo el disgusto de mis padres —, pero con el paso de los años no puedo evitar sonreír y pensar: '¡Qué malota estaba hecha desde jovencita!'. Casi me lo tomo como un cumplido, porque ¿qué sería una empollona sin un pequeño desliz como el mío? Un aburrimiento, sin duda. Y creo que seré muchas cosas, pero aburrida... precisamente no.

Además, compaginé esta rebeldía contra la profesora de informática con ser delegada en segundo de Bachillerato, sorprendiendo a muchos profesores al conseguir una de las notas más altas en Selectividad. ¡A callar bocas, como se dice! ja ja ja.

De mi etapa en el instituto guardo, en general, muy buenos recuerdos. Fue allí, casi sin darme cuenta, donde descubrí la vocación que me acompañaría toda la vida. Y, sinceramente, fue entonces cuando empecé a ser feliz de verdad.

Al final, la adolescencia fue esa etapa en la que realmente comencé a conocerme, entendí lo que de verdad importaba y comencé a rodearme de las personas adecuadas. Aprendí a disfrutar de los pequeños momentos con mis amigos, por fin sentía que tenía mi hueco y era aceptada y querida por cómo era, sobre todo, a darme cuenta de que, más allá de las etiquetas, lo más importante es ser fiel a uno mismo. Así que, ¿adolescente rebelde? Sí, pero con mucha clase.

Capítulo 2: De enfermera por accidente a periodista en potencia

Ahora que hemos dejado atrás la infancia y la adolescencia (con sus Barbies, sus pelotazos y sus dramas de patio de colegio), llega el momento de hablar de una de las decisiones más importantes de mi vida: qué demonios iba a estudiar. Y, como suele pasar en estas historias, no fue exactamente lo que yo quería, sino lo que la vida, el miedo y un novio bastante problemático decidieron por mí. Pero vamos por partes, que esto tiene tela.

Desde tercero de la ESO, lo tenía clarísimo: quería ser periodista. ¿Por qué? Pues porque en el instituto hicimos un periódico con la profesora de Lengua, Susana, y ahí descubrí que se me daba genial escribir. Comentarios de texto, artículos, fotografía, vídeos... todo lo que oliera a redacción me encantaba. Pero no solo fue eso...

También debo agradecerlo a mi tía Mariluz. En mi casa, mis padres no eran de leer, pero mi tía sí. Todos los domingos compraba el periódico y se sentaba en la terraza a leerlo. Luego, me lo pasaba a mí, con los cómics, las viñetas y todo lo que traía. Yo me ponía a hojearlo y, sin darme cuenta, terminaba leyéndome secciones enteras y mirando las fotos de Internacional pensando dónde narices estarían esos sitios y por qué siempre estaban en conflicto. Fue gracias a ella que, desde muy pequeña, desde los seis o siete años, empecé a interesarme por los periódicos y gracias a mi madre y a la traca que me dio con los libros, por la lectura.

Aquellos periódicos que veía en casa de mi abuela fueron mi primera ventana al mundo del periodismo. Así fue como todo comenzó.

Era como si hubiera encontrado mi vocación, aunque un poco tarde, porque hasta entonces no tenía ni idea de qué quería hacer con mi futuro. Pero, claro, la vida tiene una forma muy peculiar de fastidiarte los planes.

El problema era que yo era muy tímida. Después de años de *bullying*, por fin me sentía integrada en mi grupo de amigas: Esmeralda, Loli, y Juani. Me sentía tan cómoda con ellas que la idea de salir de ese círculo y empezar de cero en una ciudad nueva me aterraba. Y aquí es donde entra en juego Granada, la ciudad universitaria por excelencia en España (junto con Salamanca, pero eso es como comparar un gazpacho con una paella: ambos son buenos, pero no es lo mismo).

El caso es que todas mis amigas se iban a Granada a estudiar, pero allí no había periodismo. Mis opciones eran Sevilla o Málaga, y la idea de irme sola a una de esas ciudades no me hacía ni pizca de gracia. Así que, en un arranque de "qué más da", me metí en el bachillerato de Ciencias de la Salud. Sí, ese que supuestamente te abre más puertas (aunque, en mi caso, solo me abrió la puerta a la confusión total). Pensaba en estudiar Nutrición y Dietética o Fisioterapia, pero nunca me planteé enfermería o medicina.

Para eso había que sacar notas de sobresaliente, y aunque en teoría podría haberlo hecho, no estaba yo para esos trotes.

El novio que me convenció de ser enfermera

Y aquí es donde entra en escena el novio problemático. En uno de mis paréntesis con Víctor, conocí a un chico mayor que yo, que ya estaba estudiando en la Universidad. Yo tenía 17 años, estaba en 2º de bachillerato y aún no sabía qué hacer con mi vida.

Este chico, seis años mayor que yo, estaba estudiando Odontología, pero no le iba nada bien. De hecho, estaba suspendiendo y se lo ocultaba a sus padres. Bebía mucho, tenía problemas y, para colmo, era bastante controlador. Me vigilaba las redes sociales, ya que terminó haciéndose con todas mis contraseñas; no me dejaba salir de fiesta y, en general, era una relación bastante tóxica. Pero, claro, yo en aquel momento no era capaz de verlo. La adolescencia tiene eso: te hace creer que el amor lo justifica todo, incluso cuando te están haciendo la vida imposible.

El caso es que este chico me convenció para estudiar Enfermería. Según él, tenía más salida laboral que Nutrición y Dietética, era una carrera más corta y, en general, era la opción más sensata. Y yo, que no quería irme sola a otra ciudad y que además estaba bajo su influencia, le hice caso. Él, por su parte, se salió de Odontología y se metió en Enfermería conmigo. Así que empezamos la carrera juntos. Así más control si cabe. Spoiler: la relación fue un desastre, se acabó a los dos años de empezarla y ahí comencé a disfrutar de verdad mi vida universitaria sin que nadie me llamase "zorra acuática" por irme de botellón un juernes.

Enfermería: el golpe de realidad que no esperaba

La carrera de Enfermería no fue fácil. No solo porque fuera difícil (que lo era), sino porque yo no estaba hecha para eso. Era súper tímida, introvertida y, para colmo, me costó mucho hacer amigos. Aunque compartía piso con Esmeralda y Loli, en la facultad me sentía como un pez fuera del agua. Y luego estaban las prácticas. Madre mía, las prácticas.

Nunca olvidaré mi primera vez en un hospital. Fue como un golpe de realidad en toda la cara. Yo, que vivía en el mundo de Yupi, me encontré de frente con la enfermedad, el sufrimiento y la vulnerabilidad de los pacientes. No estaba preparada emocionalmente para eso. No tenía la empatía suficiente, ni la madurez necesaria para enfrentarme a algo tan duro. Y, aunque aprobé todas las asignaturas y con buenas notas y a curso por año, salí de la carrera con una sensación agridulce. Por un lado, estaba orgullosa de haberlo logrado; por otro, no quería trabajar de enfermera. Lo que había visto en las prácticas no me había gustado nada.

Durante toda la carrera, tuve esa sensación de no estar preparada y mucho menos a gusto con lo que hacía. Las explicaciones muchas veces se me quedaban cortas; necesitaba profundizar más en las enfermedades, pero estar con los pacientes me resultaba muy incómodo. Y probablemente ser demasiado introvertida me complicaba más el enfrentarme a situaciones tan duras.

Además, tuve la mala suerte de hacer muchas de mis prácticas y en mi primer año en servicios geriátricos, donde apenas se realizaban técnicas de enfermería como extracción de sangre, colocación de vías o administración de medicación. Básicamente, me tocó ver lo más duro de la profesión desde el principio, y eso me hizo perder aún más la ilusión. Aunque, pensándolo bien, quizás era necesario enfrentarse a esa parte para saber si realmente era capaz de dedicarme a algo así. Y lo era. Aún sin 0 la madurez necesaria, pero lo era.

En el transcurso de mi formación en enfermería, uno de los momentos más impactantes fue mi primer día de prácticas. En ese instante, al enfrentarme a una situación que jamás imaginé, me di cuenta de lo que realmente significaba ser parte de esta profesión. El texto que a continuación comparto fue escrito en un blog que me hice poco después de esa experiencia. Me transporta a esa primera vez que entré en una habitación de hospital, donde la realidad del trabajo se me mostró tal como es. Aquí lo dejo, tal como lo escribí en su momento.

Volvamos a primero de enfermería

No me había detenido a pensarlo durante los siete meses de curso, pero al llegar a las prácticas hospitalarias, en un centro geriátrico de Granada, rodeada de pacientes totalmente dependientes para todo, me di cuenta de que esto no era lo mío.

No sé si fue el olor a putrefacción que desprendía la habitación, si fue que había tres pacientes en una sola habitación diminuta, si fue que uno de ellos no paraba de gritar pidiendo ayuda, o si fue la auxiliar, que al contestarle "ya voy, hijo", seguía echando agua a otro paciente con una palangana, casi sin inmutarse por ese grito desesperado. O si fue que me dieron una palangana con su esponja correspondiente y me dejaron sola con un paciente hemipléjico, que no podía hablar, pero sí podía darse cuenta de que yo no tenía ni idea de cómo hacer un baño en cama ni la fuerza suficiente para levantar a un hombre que casi me doblaba el peso.

No sé si fue ver a mi otra compañera de prácticas llorando al oír los gemidos del paciente, mientras observaba la impasividad y sangre fría de la auxiliar. Y digo "impasividad y sangre fría" porque fue como yo lo reconocí en ese momento. Ahora me doy cuenta de que era desbordamiento, un término mucho más adecuado (si en 2007 ya estaban así las cosas con la sanidad... no quiero imaginar cómo estará ahora). Si hay 30 pacientes para tres auxiliares, no se pueden hacer las cosas mejor de lo que se hacían allí. Y, en su momento, eso me chocó muchísimo.

Me chocó tanto que el peor momento del día era aquel en el que me dirigía a las prácticas por la mañana. No quería terminar la carrera porque eso significaba que tendría que trabajar en algo así.

Yo no quería que mi carrera profesional se limitara a eso: hacer camas con las esquinas perfectas y sin arrugas para prevenir úlceras por presión. A ser capaz de lavar a una persona dependiente en la cama sin que ella colaborara en nada. Me sentía infravalorada en ese trabajo. Demasiado pequeña. Encima tenía que hacer caso a multitud de detalles, sin ser una persona observadora, ni detallista, ni mucho menos ordenada. Aquello me frustraba.

En cambio, hoy me doy cuenta de que el trabajo no me infravalora, sino todo lo contrario. Me viene grande. Me aterra que mi trabajo no esté bien hecho y que sea juzgado por aquellos que me ven trabajar, por aquellos a los que cuido, por los familiares. Me da miedo que la salud de una persona y la vigilancia de un enfermo dependan de mi concentración, de mi orden, de mi capacidad de observación, cuando sé que flaqueo en eso mismo.

Es por todo esto que esta profesión te hace sentir más humana que nunca, y gracias a ella, he aprendido y sigo aprendiendo día a día. Me enseña a ser humilde con cada jornada de trabajo, a aprender de mis errores, que siguen siendo muchísimos, y a ser mejor persona. A escuchar a las personas, a ser empática.

No tengo la vocación para ser enfermera, es cierto, pero valoro enormemente la capacidad de quienes sí la tienen, y me quito el sombrero ante ellos.

Y para los pacientes, dejad de temblar. La mayoría de los profesionales son vocacionales desde que tienen uso de razón, y en los casos como el mío, puedo aseguraros de que nos volcamos aún más en prestar atención a nuestros puntos débiles día a día.

Ser enfermera sin vocación no significa ser mala enfermera, sino que es sinónimo de pasarlo realmente mal en el trabajo. Una verdadera pena no tener a nadie con 17 años que te oriente un poco antes de elegir qué carrera hacer, ¿verdad?

Francia: la escapada que no planeé (y que tampoco quería)

La vida tiene una forma muy peculiar de empujarte hacia adelante, aunque no quieras... Una amiga de Enfermería me convenció para irnos a trabajar a Francia. Yo, que quería irme a Inglaterra (porque al menos sabía algo de inglés), terminé aceptando un contrato en el país galo sin tener ni idea de francés. Dos meses de prueba y luego contrato indefinido. La verdad es que la oferta era bastante tentadora teniendo en cuenta la tasa de paro que teníamos en España en el 2011, así que allá que me fui, con más miedo que vergüenza. El destino: Millau, al sur de Francia. Una población con un viaducto enorme y de la que yo no había oído hablar en mi vida. Pero que, seguro, alguna vez sería el escenario de alguna que otra pesadilla. Guiño, guiño.

La experiencia en Francia fue... interesante. Trabajar como enfermera en un país donde no hablas el idioma es como intentar montar un mueble de Ikea sin las instrucciones: complicado, frustrante y, a veces, desesperante. Estuve trabajando desde abril de 2011 hasta noviembre de ese mismo año, un total de siete meses. Pero, como era de esperar, no logré aprender francés en los dos meses que duraba el periodo de prueba del contrato, y me despidieron de ese primer trabajo en la planta de medicina interna de un hospital. Recuerdo que lo pasé mal, pero era incapaz de asimilar la dificultad de la experiencia. Estaba completamente disociada, como si estuviera desconectada de la realidad.

Aunque en mi cabeza todo parecía estar bien, no era así. Y cuando el estrés es tan grande y el cambio tan bestia, el cuerpo termina gritando. Yo terminé somatizándolo: me pasé un mes sin voz, completamente afónica. De hecho, llegué a pensar que me quedaría muda para siempre. Pero, curiosamente, a medida que iba comprendiendo el idioma, mi voz regresaba poco a poco. Como si mi cuerpo me dijera: Total, ¿para qué la quieres, niña, si no sabes decir ni mu? Al menos, callada, escuchas. A ver si así empiezas a pillar algo."

Evoco con muchísimo cariño al grupo de españoles que estaban trabajando allí, fisioterapeutas, que me acogieron un par de semanas hasta que encontré una vivienda con la chica con la que vine y empecé a trabajar.

En esos dos meses que duró mi contrato, en España se estaba produciendo el movimiento de los indignados. El famoso 15-m que todos estudiaríamos en un futuro en las universidades, y en medio de ese contexto, se sumó esa dificultad por aprender el idioma.

Recuerdo poner los informativos franceses y ver cómo explicaban que multitud de jóvenes acampaban en la Puerta del Sol, hastiados de la clase política, gritando "¡No hay pan para tanto chorizo!", y observando cómo colectivos como "Juventud sin Futuro" se hacían fuertes en internet. Jamás me había sentido tan frustrada y representada al mismo tiempo. Yo quería volver a España o, mejor aún, no haber tenido que irme nunca.

Además, moverse por Francia era muy difícil porque para todo había que coger el coche, especialmente para hacer la compra. Así que mi padre, aprovechando que iba a trabajar de temporero a Francia, se llevó mi coche conduciéndolo desde Valdepeñas de Jaén —unos 1.500 km— y continuó su viaje en tren para reunirse con sus compañeros y reincorporarse al trabajo. Pero claro, con quince horas seguidas de viaje a sus espaldas y todavía más kilómetros por delante, le ofrecí dormir un rato en mi cama —la que el hospital nos había asignado— para que recuperara fuerzas y pudiera continuar. Fue impactante cuando la directora del Hospital de Millau, Mme. Fourcade, se presentó en la vivienda para decirle a mi padre en un perfecto español: "Señor, no puede estar aquí".

No sé qué pensaría. Si le íbamos a 'okupar' las viviendas o qué, pero traté desesperadamente explicarle que mi padre se iba, que solo había venido a traerme el coche para poder comprar comida en el Carrefour y que después de recuperarse unas horas del viaje se iba, pero hizo oídos sordos. Mi padre vio en mi cara la frustración y rabia que tenía. ¡Qué poca humanidad! ¡Qué hija de la gran puta, en serio! Ha habido veces en las que después de esto, me dijo que habló con mi madre y que los dos pensaban que no debían haberme dejado venirme a Francia en esas condiciones. Yo siempre pensé lo contrario. Fue una experiencia dura, pero me hizo muy fuerte. Y creo que hizo que mi padre se sintiera orgulloso de mí al verme defenderlo ante tremenda víbora.

Los últimos días de mi contrato en el hospital fueron especialmente duros. Trabajé con 3 enfermeras diferentes. 2 de ellas dieron malas referencias mías y otra fue super maja. Simplemente, me dejaba hacer sin tenerme hiper vigilada y analizando cada cosa que hacía como si aún no tuviera la carrera universitaria. Y trabajar así era tremendamente más complicado, además de añadirle el problema del idioma.

Yo iba con mi carro de medicación pasando por las salas, y hubo un momento en que conté hasta a 3 enfermeras rodeándome, retirándome los sistemas de suero de las manos y mostrándome con muy poca educación la manera de hacer las cosas 'a la francesa', que era la misma que 'a la española', pero como no sabía hablar francés, no podía explicárselo. ¡Qué frustración! Me apunté a clases de francés, iba dos veces a la semana, pero no me sirvió para aprender el idioma a la velocidad que me hubiera gustado. 'Ojalá pudiera hablar en español', pensaba... ¿Cómo era posible que hablar mi idioma hubiera sido siempre tan sencillo y yo hubiera sido siempre tan tímida?

En ese momento yo era lo más parecido a un 'peligro público' para Francia, y cuando acabé los dos meses de prueba en el hospital, me echaron...

Después de mi primer chasco laboral en Francia, pasé a trabajar en una residencia de ancianos en un pueblo cercano, por un poco más de sueldo, aunque tenía que desplazarme. Recuerdo que el despido lo sentí como una auténtica derrota y vergüenza. ¿Qué les diría a mis padres?, ¿cómo podía irme supuestamente para toda la vida —si quería— y volver dos meses después con una mano adelante y otra atrás? Vaya ataque directo al ego. Ni de coña me iba yo de Francia porque me echasen. Me iría porque yo me quisiera ir, y todavía no quería. Así que este otro trabajo me vino como anillo al dedo.

La verdad es que el equipo del segundo hospital fue maravilloso: se adaptaron a mí con una paciencia enorme y me trataron genial. El trabajo era más rutinario, y al ser con personas mayores, resultaba más sencillo de llevar. Además, era mucho más fácil ir aprendiendo las palabrejas en franchute que iban diciendo los abuelillos. Fue una muy buena escuela en todos los sentidos. Pero, a pesar de todo, no me gustaba. No terminaba de sentirme en mi sitio. Y, al final, esa experiencia en Francia fue el detonante para hacer lo que había querido hacer toda mi vida.

Francia me ayudó a darme cuenta de que comunicarse con alguien es muy fácil, sobre todo cuando las personas te entienden y hablan tu idioma. Me ayudó a conocer lo que soy capaz de aprender. Cómo puedo llegar a adaptarme. Cómo con paciencia y cariño a mi alrededor, me hago fuerte y cómo la presión y el desdén me hacen pequeña.

Y estando allí, decidí de manera muy firme que quería estudiar la carrera de Periodismo. Y que quería volverme de Francia, pero cuando yo me quisiera ir. Que, a cabezonería, no me ganaba nadie. Era lo que realmente me gustaba y estaba dispuesta a luchar por ello. Así que, en 2011, decidí volver a Sevilla para estudiar el segundo grado de Periodismo, que incluía 4º y 5º, más un año de curso puente. Hice la solicitud, me cogieron, y tenía muy claro que quería seguir viviendo en el extranjero, porque estaba aprendiendo francés de verdad y no quería dejarme ese aprendizaje a medias. Después de llevar allí siete meses, y ver que por fin comenzaba a comprender el idioma y a ser capaz de comunicarme, tenía muy claro que quería viajar, pero que quería viajar de Erasmus. No pasando las fatigas que me tocó pasar con 21 años.

Organicé un viaje a Sevilla para prepararme las pruebas de nivel de idiomas, tanto de inglés, como de francés, con el objetivo de que, al curso siguiente, es decir, cuando cursara el último año de periodismo, me concedieran una beca Erasmus en Francia.

Es decir, mi plan era volver de Francia, hacer el curso 2011-2012 en Sevilla y, al siguiente curso, 2012-2013, realizarlo en Francia para seguir aprendiendo francés. Y así lo hice, y al final lo conseguí. Como veremos en los siguientes capítulos, la vida tiene una forma muy peculiar de darte segundas oportunidades. Pero eso, como diría un buen escritor, es material para otro capítulo.

Capítulo 3: Periodismo, Erasmus y Niza: reconciliándome con la enfermería

Si hay algo que la vida me ha enseñado, es que los planes nunca salen como uno espera, pero a veces terminan siendo incluso mejores. Este capítulo es la prueba de ello: una mezcla de periodismo, amor a raudales, Erasmus y, sorprendentemente, una reconciliación inesperada con la enfermería. Vamos a ello, que esta historia tiene de todo: risas, lágrimas, besos malos y muchos vuelos de bajo coste, y es de las partes favoritas de mi historia.

Como te había adelantado, volví de Francia en noviembre del 2011, justo a tiempo para empezar el cuarto curso de Periodismo en Sevilla. Llegué un poco tarde al inicio del curso, y la verdad es que mi entrada no pasó desapercibida. Mis compañeros, que llevaban tres años sudando la camiseta en la carrera, me miraban con cara de "¿y esta de dónde ha salido?".

No sabían que, si tenías otra carrera, podías convalidar asignaturas y acceder directamente a cuarto. Así que, junto con otros "intrusos" (varios maestros, licenciados en derecho y pedagogos entre otros), formamos un grupito de "los de segundo ciclo". Nos miraban con cierta tirria, pero hicimos bastante piña entre nosotros y nos lo pasamos en grande. Y yo, la verdad, disfruté muchísimo. Las clases me encantaban, especialmente las de Lengua, donde saqué un diez en el primer examen. Sí, un diez. No es por presumir, pero es que me sentía en mi salsa. Exactamente igual que en la selectividad, por cierto. Una prueba férrea de que no había perdido facultades.

Durante ese curso nos enseñaron a realizar cuñas de radio, la importancia de la relevancia pública y su prevalencia sobre el derecho al honor en las clases de derecho y lo tremendamente complicado que podía ser aprobar un examen de análisis del género periodístico. También me lo gocé cuando una de nuestras profesoras nos enseñaba a realizar perfiles de político o análisis y me enamoré aún más de la profesión porque, de verdad os lo digo, es la profesión más interesante del mundo. Tanto como el mundo mismo.

Además, me concedieron la beca Erasmus en Niza, Francia, como me había propuesto. Sí, esa beca mítica que todo el mundo llama "orgasmus" por razones obvias. Pero antes de irme a Niza, tuve que hacer la prueba de nivel de francés. Y ahí, en medio de ese lío, conocí a Jesús. Un sevillano alto, de ojos verdes, con una boca enorme (como me gustan a mí) y una sonrisa que, aunque no fuera del estilo "*profident*", desde luego no pasaba desapercibida. Mi abuelo, más adelante, decía que tenía más dientes que una feria de mulos, pero bueno, a mí me parecía el muchacho más guapo del planeta, que es lo importante. Para gustos, los colores, y yo tengo muy claro lo que me gusta.

Resultó que Jesús era amigo de Víctor, mi ex. El mundo es un pañuelo, ¿verdad? Se conocieron en Malta, en uno de esos viajes *"destroyers"* a los que los jóvenes se iban a "aprender inglés" con las becas del Ministerio de Educación, y yo, que soy un poco sinvergüenza, ya lo tenía fichadísimo por las fotos de Tuenti de mi ex porque me parecía monísimo. Así que, sin pensarlo demasiado, me acerqué a él y le dije:

"Oye, tú eres Jesús, ¿verdad? Yo soy Luz, la ex de Víctor, el valdepeñero que conociste en Malta."

Jesús: [riéndose] me contestó "¡Aroooo! ¿Y tú quién eres?"

"Que soy Luz, la ex de Víctor, el valdepeñero que conociste ese verano en Malta."

¡Andaaa, que tú también eres de Valdepeña! ¡Illa, qué acento más graciozo tienes!, me respondió él.

Yo boquiabierta le dije "¿Perdona? ¿Mi acento es 'graciozo'? ¿Mi acento?"

Poco se habla de que cuando él se presentaba, decía: "Hola, yo zoy Ezú y zoy der Zaucejo"... y no exagero. Su ceceo hacía de su acento casi un trabalenguas, pero me pareció la persona más graciosa del mundo, además de tener unos ojos verdes súper bonitos. Y así empezó todo.

Jesús y la doble Erasmus: Niza y Nápoles

Jesús y yo empezamos a hablar desde ese mismo día, en octubre del 2011, en Sevilla. Nos agregamos al mítico Tuenti, que por aquella época funcionaba que daba gusto, y comenzamos a intercambiar mensajes, proponiendo quedadas entre sus amigos y las mías, como si fuésemos los mejores mamporreros del planeta y, de paso, los mejores amigos del mundo.

Un día, decidimos echarnos unas cervezas, y yo, juro que me muera, que iba en plena calidad de amiga. Pero cuando nos estábamos despidiendo, el tío, con más cara que espaldas, me suelta:

—Oye, ¿tú estás zegura de que no quieres que te acompañe a tu pizo?

A lo que yo, totalmente indignada porque no vi venir aquello por ningún lado, le dije:

—No hace falta que nadie me acompañe a mi piso, sé ir sola.

Pero él no se dio por vencido:

—Bueno, bueno, pero que zea porque tú no quieras.

Cada uno se fue a su casa, pero eso fue como un chispazo en mi cabeza. Dije, joder qué picardía, qué gracioso que es y es que encima me parece guapísimo. Y al llegar a mi "pizo", empecé a escribirle yo y a tontear con él a saco por Tuenti.

Y Jesús, que era un excelentísimo amigo, no tuvo mejor ocurrencia que contárselo a Víctor para obtener sus bendiciones:

—"Illo, yo creo que, a tu ex, zi yo le inzisto, eza cae".

Muy romántico todo, sí.

Víctor, que parecía que seguía pillado, cogió un mosqueo tremendo con él y le dejó de hablar. Desde ese momento, yo pasé a ser "Zagrá" para Jesús.

Una pena, la verdad, pero visto que no iba a pasar nada entre nosotros, aproveché una quedada conjunta que hicimos meses más adelante, con mis amigas de Valdepeñas y él con sus amigos, para que, ya que yo no podía tener algo con él, al menos, que una de mis amigas sí lo pudiera disfrutar. Le insistí mil a mi pobre amiga Loli para que se liase con él. Loli le dio una oportunidad, pero una sola. Un beso. Y la pobretica mía salió espantada.

A la mañana siguiente me decía que había sido horrible. Que besaba fatal, y como si estuviera diciéndome a mí que la que besaba mal era yo, le respondí indignadísima:

—Tía, pero besar es una cosa de dos.

Y me quedé tan a gusto. Su cara fue un poema, pero la venganza se la tenía reservada para unas semanas más adelante.

Estas quedadas de amigos suyos y mías volvieron a ocurrir. Volvimos a vernos para la feria de Sevilla y para otra quedada después. Mi amiga Esme, que debería ser presidenta de España por su poder de convicción, le dijo a Jesús esa noche:

—Oye, ¿y tú qué pasa con la Luzma?

Y Jesús, siguió con su cantinela de que yo era "zagrá" porque un amigo no le hace eso a un amigo. Y aquí la Esme hizo lo que mejor sabía. Decirle unas cuantas verdades:

—¿Qué amigo dices, Jesús? ¿Ese que lleva meses sin hablarte, aunque no hayas hecho nada con ella?

Algo debió de tocarle el ego, porque minutos después de esa charla con la Esme, y en cuanto llegamos a la discoteca, se me tiró a la boca sin pensárselo. Y, por cierto, qué mal besaba el cabrón. De ahí nos fuimos a su piso, ahora sí, con s, y con esa prisa iríamos que mi bolso se quedó tirado en el pasillo de la entrada. Él, que no debía llevar a muchas "amiguitas" por esos entonces al piso que compartía con dos amigos suyos estudiantes, me contó después que sus compañeros de piso tuvieron cachondeo y broma para rato con el "bolzo".

Cuando esa noche acabó y yo volví a mi casa, lo primero que hice fue avisar a mi amiga Loli, no vaya a ser que por cualquier motivo le sentase mal. Lo que me dijo fue bastante tranquilizador:

—Nena, no te preocupes, pero solo tengo una pregunta. ¿Cómo besaba?

A lo que yo respondí, súper sincera:

—Tía, fatal.

Y aquí llegó su venganza en forma de zasca:

—Pero Luz María, ¿tú no decías que besar era una cosa de dos? Venga a practicar.

Esta quedada fue en torno al mes de mayo del 2012, y para esas alturas, los dos ya sabíamos que nos habían dado nuestras correspondientes becas Erasmus. Él se iría a Nápoles en septiembre y yo a Niza, tal y como queríamos. Lo que no tuvimos en cuenta es que, desde ese mes, con el calor sofocante de Sevilla, los últimos exámenes y el verano a la vuelta de la esquina, íbamos a empezar a vernos con más y más frecuencia.

Sabíamos que tan solo unos meses después estaríamos en países diferentes, pero las ganas que nos teníamos pudieron más hasta que terminó ocurriendo lo inevitable.

En agosto del 2012, la cosa se puso seria. Nos enamoramos, decidimos ser fieles a pesar de la distancia y lo formalizamos. Sí, prácticamente dos semanas antes del "orgasmus", decidimos que éramos algo más que "follamigos". Lo bueno era que había conexión directa entre Niza y Nápoles con *EasyJet*, así que vimos fechas para vernos. La primera sería en octubre, para mi cumpleaños.

No todo fue tan idílico al principio. Nada más llegar a Niza, me encontré con un tipo impresionante: rubio, de ojos azules, y con un físico que me hizo pensar que era alemán. Pero esa idea se desvaneció en cuanto se acercó, soltando tacos en un perfecto español madrileño porque Iberia le había perdido las maletas. Así conocí a Miguel. Y, la verdad, ese chico me dio más de un quebradero de cabeza. Yo pensaba: "esto va a salir mal seguro" ... viendo a este guapísimo a diario, con Jesús tan lejos, y rodeada de mil personas en mi misma situación... Así que lo hablé por teléfono con Jesús. Le confesé que estaba confundida, que Miguel también me hacía tilín. Y era mutuo. La respuesta de Jesús fue:

—Bueno, illa, tú ya me conoces y zabes como zoy, tú zabrás lo que quieres y lo que no. Pienzatelo.

Y quedamos en que, en mi cumpleaños, nos veríamos cuando él viniera a Niza (22 de octubre, por si alguien quiere mandar regalos). Mientras, yo reflexionaría si era mejor seguir o no para estar un año separados y rodeados de tentaciones.

Cuando vino a Niza, me di cuenta de que había perdido casi ocho kilos de puro estrés y yo me sentí la peor persona del planeta. Ahí supe que este chico valía la pena y que, además, lo que sentía era totalmente sincero. Eso hizo que se me fuesen todas las dudas y apostase por la relación de manera definitiva.

Y así empezó nuestro año de cuento. Le cuidé lo más grande, me distancié a adrede de Miguel para no liarla y comenzamos a planificar viaje tras viaje juntos. Nos veíamos en París, Roma, Nápoles, Niza... Cada mes, un destino nuevo. De lunes a viernes, yo salía de fiesta con mis compañeros de Erasmus. Cuando los vuelos estaban más baratos, volaba a ver a Jesús. Era feliz. Súper feliz. Y no solo por el amor, sino porque estaba viviendo una de las mejores etapas de mi vida.

Fueron tantos los momentos que vivimos, los sitios que vimos juntos y por primera vez que es irremediable que alguien así no se te quede marcado como un tatuaje. Anécdotas de todo tipo. Se me ocurre a bote pronto nuestro viaje en Roma, cuando se peleó con un señor disfrazado de romano en las inmediaciones del monumento de Vittorio Emanuele, porque se empeñó en que los dos posáramos "como una parejita", como decía él, con el señor disfrazado de romano. Éramos estudiantes, estábamos pelados de dinero y yo veía venir que nos iba a pedir la propina, pero él insistía:

—Ezo no paza naa, zi es ponerze zolo…

Un minuto después, el romano estaba persiguiéndonos por una de las zonas más turísticas y llenas de personas de Roma, gritando a Jesús "TACAÑO" con un perfecto español, porque Jesús no quería darle nada.

Y el tío (Jesús me refiero), tan pancho, como si la cosa no fuera con él, y yo más colorada que un tomate…

La verdad es que algo tacaño resultó ser. Que se lo digan a mi bolsillo con los vuelos que le pagué para que pudiéramos seguir viéndonos a distancia, aunque esto sea adelantarme.

Niza en su máximo esplendor. La ciudad que llevaré tatuada siempre

Niza fue un festín multicultural de ocio y de conocer a gente nueva durante todo el curso del Erasmus.

Quizás, el haber estado fuera de España tanto tiempo y tan lejos de mi familia y grupo de amistades, haya sido la mejor manera de conocerme realmente. De saber cómo funciono partiendo de 0 en otros entornos, teniendo confianza plena en mí y viendo cómo no solo soy capaz de solventar lo que ocurre, sino que soy capaz de hacerlo destacando.

Allí me di cuenta de mi capacidad de liderazgo, de mover masas y cuando digo masas, digo literalmente 50 personas para hacer un plan sin que haya ni una sola voz disonante, y también, me reconocí como el mejor pegamento de cualquier grupo.

Quizás fuese por lo que me pasó de pequeña, pero siempre intenté que todos nos sintiéramos parte de esa experiencia.

El grupo de mi Erasmus son amigos que hoy en día siguen acompañándome en mi vida más de una década después. Muchos de ellos ya se han casado, con otros sigo viéndome de manera recurrente y siempre que hablo con ellos tengo la sensación de que hay una parte nuestra que siempre se quedó en esa ciudad de fiesta para siempre. Es gente que quiero tenerla siempre cerquita mía porque los quiero a rabiar.

Niza me enseñó tanto de mí que ni yo misma sabía, que no pude hacer otra cosa que tatuármela cuando con el paso de los años, me di cuenta de lo importante que fue para mí esa experiencia. Llevo la palabra "*courageuse*" en el antebrazo izquierdo como guiño a esa etapa de mi vida que tanto me enseñó de lo que soy capaz de hacer siempre que se cuente con confianza de mi entorno en ti.

Allí no solo hice mi Erasmus, sino que lo que iba a ser una experiencia de tan solo un año, terminó convirtiéndose en 3 años y medio.

Reconciliación con la enfermería: cuando la vida te da una segunda oportunidad

En el verano de 2013, terminé el Erasmus. En aquel momento, España vivía todavía unos años duros de la crisis económica y no había trabajo ni de enfermería ni de periodismo. Al menos, para poder subsistir. Así que decidí quedarme en Niza trabajando. Ahí fue donde la enfermería, esa carrera que nunca quise estudiar, me dio una de las mayores sorpresas de mi vida.

Conseguí un trabajo temporal en una clínica de rehabilitación cardíaca y respiratoria en un pueblo llamado Vence, cerca de Niza. Era un lugar precioso, rodeado de montañas y con vistas al mar. La clínica, llamada La Casa del Minero (*La Maison du Mineur*), se había creado originalmente para atender a trabajadores con silicosis (una enfermedad respiratoria causada por la inhalación prolongada de partículas de sílice cristalina respirable), pero luego se transformó en un centro de rehabilitación para pacientes con infartos o cáncer de pulmón después de ser intervenidos, para su recuperación con vistas al mar y en plena costa azul.

Cuando entré por primera vez, algo cambió en mí. El equipo era joven, majísimo y lleno de energía. Los pacientes llegaban en un estado delicado y se iban mejorados, con una sonrisa en la cara. Ver cómo salían bien de allí, cómo recuperaban su calidad de vida, me hizo reconciliarme con la enfermería. Por primera vez, pensé: "¡Ostia, esto es bonito! ¡Esto sí merece la pena!".

Lo que comenzó con un contrato de dos meses de verano se convirtió en un contrato indefinido, y me quedé trabajando allí hasta noviembre de 2015. Tres años y medio en los que no solo aprendí a amar mi profesión, sino que también me reconcilié con el idioma, el país y, sobre todo, conmigo misma. La enfermería, aunque no fuera mi vocación, se convirtió en la mayor llave que me ha proporcionado la vida.

Gracias a ella, viví en Francia, conocí la Costa Azul, hice muchísimos amigos italianos, portugueses y, en fin, de todos los países mediterráneos que, en aquel momento, al igual que España, estaban atravesando la crisis económica. Y, sobre todo, aprendí francés.

Recuerdo que la mejor manera de medir mi progreso en ese país fue cuando, una vez dentro de *La Maison du Mineur*, vi cómo mis compañeras —al contar algún cotilleo— empezaban hablando en voz normal, sin esconderse delante de mí. Total, yo no me enteraba de nada. Pero, conforme pasaban los meses, notaba no solo que bajaban la voz, sino que me sorprendía a mí misma intentando enterarme... porque lo conseguía. Justo como una vieja del visillo.

Era la mejor prueba de mi progreso. Estaba aprendiendo ese idioma a pasos agigantados y os prometo que no hay una sensación más empoderante que verte ser capaz de defenderte en otro idioma sin perder la esencia de lo que realmente eres.

Así que, ¿qué aprendí de todo esto? Que la vida no siempre te da lo que quieres, pero a veces te da lo que necesitas. La enfermería no fue mi elección, pero me dio herramientas, experiencias y oportunidades que nunca habría tenido de otra manera. Y ahí me di cuenta de que fue una de las mejores decisiones de mi vida. Algo que reafirmaría más adelante con la pandemia.

Y Jesús, bueno, Jesús fue el amor que apareció cuando menos lo esperaba. Aunque al final nuestra historia no duró para siempre, esos años en Niza, Nápoles y medio Europa fueron mágicos. Casi tres años duró la relación, pero al final, la distancia, el síndrome del expatriado y mi manera de decir las cosas (porque por aquella época, cuando yo me enfadaba, tenía la bonita costumbre de insultar y gritar por teléfono) hicieron que me terminase dejando en marzo del 2015.

Llevábamos meses mal. Discutiendo mucho por teléfono. Yo no dejaba de perder cosas… el teléfono, el móvil, cada vez que salía de fiesta y no lo avisaba cuando estaba en casa. Esto hacía que él se enfadase y yo, no podía evitar sentirme juzgada por mi desorden en ciertas ocasiones y a la vez, controlada. Eran problemillas que terminábamos solucionando siempre, pero que poco a poco iban erosionando todo junto con los 1500 km que nos separaban.

Intentábamos vernos al menos una vez al mes. Yo le pagaba el vuelo para que viniera una vez al mes, y al mes siguiente, es decir, cada dos meses, yo iba a España para que la relación no muriese. Y lo pagaba yo porque él era estudiante y porque siempre he tenido muy claro que para que una relación funcione, hay que invertir en ella. Quizás invertí demasiado. Bueno, quizás no. Invertí en exceso y, en un intento de controlar la situación que estaba cada vez más fuera de mi control, la lie pardísima y le fui infiel con una chica: Nerea.

A Nerea la conocí en casa de mi amigo Miguel (no el rubio con aspecto de alemán, porque este Miguel en cuanto acabó la Erasmus se volvió a Madrid, sino otro Miguel que acabaría siendo otro excelente amigo). Ella acababa de dejarlo con su exnovia. Y cuando mencionó que lo había dejado con su 'pareja', a mí se me encendió una especie de radar que me hacía no comprender nada. ¿Por qué me interesaba de repente si a esa chica, tan femenina, divertida y guapa, le gustaban las chicas? No lo sé, pero lo cierto es que creo que me enamoré de manera fugaz de ella y me lancé a la piscina.

Mi amigo Miguel estaba intentando ligar con ella, y en medio de todo el proceso de conquista de mi amigo, aprovechando que fue a pillarle una cerveza y la dejó sola, me acerqué y le dije: "Pero Nerea, ¿a ti quién te gusta, Miguel o yo?".

Nerea, flipándolo, me dijo: "Pero Luz, ¿me lo estás diciendo en serio?". Y sin saber cómo, estábamos comiéndonos la boca.

Esa noche la pasamos juntas, y a la mañana siguiente me di cuenta del error que acababa de cometer. Lo primero que hice fue contárselo a Jesús, que me dejó de manera inmediata. Yo la lie parda, pero fue su mejor excusa para dejar la relación.

Pasaron tres semanas y yo perdí ocho kilos. Imagino que se los debía de cuando él los perdió nada más comenzar la relación conmigo. Estuve muy mal psicológicamente en ese periodo. Esto fue en 2014. Porque estaba muy enamorada de él, pero veía cómo nuestra relación se iba desmoronando sin que yo pudiera hacer nada. Como si mi vida no dependiera de mí. Y como siempre tuve curiosidad por conocer mi sexualidad a fondo, me pareció una manera de recuperar el control.

No me arrepiento de nada. Nerea me enseñó mucho: que soy menos 'bi' de lo que pensaba, que tengo muy poca paciencia en la cama y, sobre todo, me enseñó o me recordó todo lo que quería a Jesús.

Tres semanas después de aquello, volvió y quiso que lo intentáramos. Volvimos a darnos una oportunidad, que duró nueve meses, hasta que me volvió a dejar. Creo que nunca deberíamos habernos dado ese tiempo, porque luché sola por la relación, porque él no puso nada de su parte, y así las cosas no funcionan. Pero insisto: no me arrepiento de nada. Fue mi primer drama amoroso de verdad, la persona que me rompió el corazón por primera vez, la relación más bonita que he tenido hasta ahora… y gracias a eso, también tengo a Nerea en mi vida; ahora como amiga, aunque ella me diga que sigo teniendo mucho más poderío en el lado lésbico que en el hetero. Quizás debería hacerle caso, pero, por lo que sea, no me veo.

A Jesús lo quise mucho, y aprendí mucho de todo aquello. Aprendí qué errores no quería repetir, como gritar, insultar o faltar el respeto a mi pareja. Y también aprendí que jamás volvería a pagarle vuelos a nadie, porque si no tenían dinero para venir a verme, tampoco lo tenían para irse a Portugal a un festival de música. De todo se aprende. Y sí, aunque pasó seis meses besando mal, siempre tendrá un lugar especial en mi corazón.

Capítulo 4: Madrid, Pablo y mis primeros pasos en la tele

Cuando estaba en Niza aquel verano, ya sabía que en octubre de 2015 me mudaría a Madrid para hacer el máster de reporterismo en investigación. Aunque disfrutaba al máximo mis últimos meses allí –justo cuando por fin me sentía completamente integrada, con mi grupo de amigos y una feliz independencia–, decidí dar el paso.

La ruptura con Jesús me empujó a refugiarme en lo que anteriormente me había ayudado tanto: el periodismo. Y así, haciendo gala a cuando me volví de Francia en 2011 para hacer la carrera en Sevilla, decidí que era hora de volver a priorizarse. Me lancé y me matriculé en el máster, que comenzaba en octubre en Madrid.

Aquel verano, antes del cambio de país, pasé las fiestas de mi pueblo en agosto, como es tradición en casi toda España. Éramos un grupo de amigas disfrutando de esas "fiestas realengas" –como las llamamos nosotros– donde todo el pueblo se viste de medieval.

De pronto apareció un grupo de "forasteros", como solíamos llamarlos: eran chicos de Jaén, a quienes conocíamos porque Ignacio —el novio de mi amiga Esme en aquel entonces, y ahora su marido— era de allí. Entre ellos estaba Pablo, un chico que en un principio no captó mi atención, pero que terminaría siendo mi pareja durante los próximos cuatro años…

Pablo era –y sigue siendo– un chico guapísimo; súper, súper guapo. Pero el muchacho era bastante tímido. Yo, que estaba soltera, empecé a mirar a los chicos en plan: "Nacho, dile a ese que me gusta".

Debo decir que el que me llamaba la atención era Julián, un amigo de Pablo, que físicamente encajaba más con mi tipo. Total, que Nacho fue y se lo dijo: "Julián, mi amiga Luz dice que le gustas". Pero Julián respondió algo como: "Pues dile que a mí también me gusta ella... y que tú también" (o algo así, no lo recuerdo bien).

Mis amigas se volvieron locas: "¿Qué dices? ¡Estás tonta, chalada! ¡A la mierda ese tío! ¿No te has dado cuenta de que el otro está mil veces más bueno? ¿Es que no lo ves?". Miré a Pablo y, la verdad, objetivamente era mucho más atractivo...

Entonces pensé: "Mira, si de aquí para atrás todo me ha salido como el culo en el amor, voy a haceros caso esta vez a ver si el resultado es diferente". Así que le dije a Nacho: "Oye, dile a Julián que me he liado, que en realidad me refería al otro muchacho".

Nacho se me quedó mirando:

—Tía, ¿en serio me lo estás diciendo?

—Sí, sí, venga, dile porfa —le insistí.

Y él fue y se lo comunicó.

Entonces pasó algo gracioso: Pablo, súper serio, se me acercó con lo que yo consideré una actitud un poco forzada, casi como si fuera a pegarme:

—¿Tú qué? ¿Cómo te llamas? ¿Qué haces aquí?

Yo, contrariada:

—¿Cómo que qué hago aquí? ¡Estoy en mi pueblo de vacaciones!

Él seguía con esa actitud cortante, haciéndome preguntas, mientras yo intentaba explicarle que, si no me conocía, era porque —aunque era valdepeñera— llevaba casi cuatro años viviendo en Niza y solo estaba en el pueblo de vacaciones. El chico no esbozaba ni la más mínima sonrisa, y aquellos silencios se me hicieron eternos.

O al menos a mí me resultó incomodísimo; nada me pone más nerviosa que esos silencios tensos cuando no hay confianza. Era evidente que quería hablar conmigo, pero —insisto— era tan tímido que casi parecía faltarle habilidades sociales. Así que, en un intento de quitármelo de encima o, al menos, de posponerlo, le dije que me iba con mis amigas y que ya nos veríamos en la discoteca luego, porque en mi pueblo, todo el mundo acaba siempre en la discoteca. Su respuesta sí que captó mi atención:

"Qué rápido quieres quitarme del medio, ¿eh?"

—¡Mierda, me había pillado! ¿Tan mal mentía yo o qué?

Como me sentí expuesta (y además me parecía guapísimo y, ahora, también listo), dije:

—Venga, te doy mi teléfono y luego nos vemos en la discoteca. Pablo tenía algo...

Y es que, era guapísimo y toda mi pandilla coincidía. Esa noche en la discoteca empezamos a hablar. Se acercó, intentó bailar conmigo, bastante pegados además (y yo odio bailar), lo que me puso tan nerviosa que no paraba de esquivarlo. Al salir, me acompañó a casa y en el camino nos besamos, nos liamos... y ahí quedó la cosa.

Yo me volví a Niza a los pocos días de aquello, donde me quedaban tres meses que estaba decidida a exprimir al máximo.

Y para mi sorpresa, desde agosto, cuando nos conocimos en mi pueblo, hasta octubre, cuando me vine a Madrid, Pablo y yo seguimos hablando casi a diario.

De esa época guardo dos recuerdos especiales. El primero fue por mi cumple (los dos nacimos en octubre: él el 12, Día de la Hispanidad —que me flipa y a él más—, y yo el 22). Me mandó un mensaje super trabajado, se notaba el cuidado y la intención. Me pareció monísimo y muy buena persona.

El segundo fue cuando una amiga vino y, de fiesta y borrachas, me volvieron a robar el móvil. Se lo conté y me sorprendió lo comprensivo que fue, siendo que casi no nos conocíamos. Ahí pensé: "Este tío mola mucho y tiene un muy buen fondo".

Yo no estaba para rollos serios, pero Pablo era especial. Me contó su vida: su sueño era ser futbolista (y se le daba de muerte), pero siendo de Jaén capital las opciones eran pocas. Su padre creía en él, pero llegó el momento de decidir.

Se matriculó en Ingeniería Topográfica, pero lo que sus padres no sabían era que seguía compitiendo en campeonatos de fútbol. Cada fin de semana y en los días de entrenamiento, se escapaba descuidando la carrera. Cuando finalmente asumió que el fútbol no sería su futuro, se vio con matrículas astronómicas por las asignaturas pendientes (ya sabes, en España, si no apruebas, cada convocatoria te cuesta más cara).

Para que sus padres no se enteraran del lío, se partió el lomo trabajando dos veranos como camarero. Cuando por fin se centró en los estudios, sacó la ingeniería en dos años y hasta le dieron el premio de excelencia de carrera.

Su proyecto final fue alucinante: con datos de las misiones Apolo, hizo un mapa de la luna que le valió otro premio. Así era y es Pablo... brillante.

71

Cuando por fin me instalé en Madrid, quería aprovechar que ya dominaba el francés y mejorar mi inglés. Desde Niza había estado buscando piso para compartir con gente que hablara otros idiomas. Al final, me junté con una chica gallega y más tarde se unió un chico de Valencia. Entre todos buscamos a un francés y a una americana para completar todos los idiomas posibles en el piso. El francés se llamaba Alex, y la chica era una de esas profesoras que vienen a Madrid a dar clases en colegios. Así acabamos los cinco en un piso del barrio de Chamberí, muy cerquita de la calle Ponzano, que tan de moda está hoy día.

Llegué con toda la ilusión del mundo, pero al matricularme en el máster, empecé a darme cuenta de lo exigente y egocéntrico que era el mundo de la televisión. Mis compañeros, aunque tan entusiasmados como yo, parecían obsesionados con ser los mejores. En lugar de formar piña, los siete que éramos en el máster acabamos compitiendo constantemente. Era agotador.

Al principio, estaba emocionada: quería salir, practicar idiomas y devorar el periodismo. Pero echaba de menos el ambiente de compañerismo que había vivido en Sevilla durante la carrera. En el máster no existía eso.

Por suerte, tenía a Pablo. Me apoyó muchísimo durante esos meses. En diciembre hizo varios viajes expresamente para verme. Estaba siempre pendiente de que siguiéramos hablando, de mantener nuestra conexión. Incluso me dio alguna sorpresa, como cuando se pilló un autobús desde Jaén a Madrid y apareció de repente en

Madrid. Era detallista y romántico: me regaló un libro de poemas de *Defreds*, que estaba muy de moda entonces y tenía por costumbre dejarme post-it escondidos, o al menos yo no me daba cuenta de cuándo los escribía diciéndome cositas como "me encantas rubia" y yo no podía hacer otra cosa que derretirme.

Con él sentí algo distinto. Pensaba: "No puedo perderme a esta persona solo porque antes me saliera mal con Jesús". En muy poco tiempo, Pablo me demostró que era un diez. Así que decidí dar el paso: empezamos nuestra relación oficial la noche de Reyes en Jaén, a principios de 2016.

Pablo se muda a Madrid

Pablo tenía la opción de quedarse en Jaén con una beca de formación que, al final, le habría llevado a ser profesor en la universidad (el tío es brillante, no me cansaré de repetirlo una y otra vez). Pero decidió venirse a Madrid conmigo para que nuestra relación se consolidase.

Nuestra primera experiencia viviendo juntos fue... peculiar. Yo había dejado el piso de los cinco estudiantes (demasiado caro) y me mudé a uno más barato. Él se vino conmigo, y pasamos meses compartiendo habitación con otros dos compañeros en un piso cutre de otro barrio. Él dormía en un colchón hinchable (yo en una cama de 90, porque en el suelo no aguantaba) y se levantaba a las seis de la mañana para ir a un curso de programación, lo más cercano a su mundo que encontró para abrirse camino en Madrid conmigo.

Gracias a eso, empezó a trabajar en una consultora multinacional, picando código como programador de cobol (sistemas que usan los bancos, nada menos). Pronto empezaron a promocionarlo.

Pero yo, en aquel momento, no supe valorar todo lo que estaba sacrificando por mí. Yo venía a Madrid a vivir la vida, a encontrarme a mí misma después de mi anterior relación, y me encontré con alguien que lo daba todo por mí mientras yo estaba centrada solo en mí. Fue bueno para mi crecimiento personal, pero un desastre para la relación.

Poco a poco, todo se fue deteriorando. Él no se sentía visto: estaba en una ciudad que odiaba (Madrid), o al menos en ese contexto, en un barrio que odiaba (primero Batán, luego Usera, uno de los barrios más conflictivos por entonces), trabajando en algo que no le gustaba, madrugando lo más grande para pasarse lo más grande en transporte público y yo, además, en casa no era todo lo colaborativa que debía. Se le notaba el asco cada día más. Y recuerdo cuando era domingo por la mañana y me decía cabizbajo… "Mañana es lunes ya otra vez… ya vamos como las ovejas a los campos de concentración en el transporte público".

Ahora me acuerdo y no puedo evitar partirme de la risa, pero es que el pobrecito mío es verdad que tuvo una paciencia tremenda trabajando en algo que no era lo suyo, haciéndolo genial y echando más horas que un reloj suizo.

Yo, por mi parte, volcaba en él todas mis inseguridades del trabajo (ese mundo de egos de la televisión donde yo comenzaba muy poquito a poco a hacerme hueco).

Y él siempre estaba ahí, pero... había roces. Yo soy muy cariñosa, y cuando llegaba a casa y lo veía limpiando (porque él, era ordenadísimo, se ponía a hacer las tareas en cuanto llegaba), me entraban ganas de achucharlo y abrazarlo por la espalda mientras fregaba los platos. Pero a él le sacaba de quicio:

—¿Me quieres dejar tranquilo? Solo te acercas cuando me ves haciendo cosas. Luego estoy parado y ni me miras.

Tenía un carácter muy fuerte. A veces, decía cosas hirientes porque es muy directo y aunque hablara poco, cuando lo hacía, sentaba cátedra. Siempre. Y así nos fuimos dando cuenta de que éramos cero compatibles.

Incompatibilidades varias

Para empezar, éramos completamente opuestos en lo político: yo, con valores liberales, siempre he rechazado el simbolismo patriótico español (la bandera y todo eso). Él, que casualmente nació el 12 de octubre, era de los que llevan a España profundamente en el corazón.

75

En el día a día tampoco encajábamos: yo soy totalmente nocturna, él diurno. Mientras él amanecía lleno de energía y buscando afecto, yo necesitaba mi espacio hasta despertar del todo. A mí hasta las 12 no me intentes sacar una conversación de más de 5 palabras porque no estoy para hostias. Nuestros gustos de televisión chocaban: yo prefería El Intermedio, él El Hormiguero. Él era metódico y ordenado; yo, mucho más caótica.

Con el tiempo, la relación se fue desgastando. Llegó un momento en que yo no podía darle lo que él necesitaba, y él tampoco era lo que yo requería entonces. Todo se intensificó después de mudarnos a Usera (donde años más tarde, terminé comprando mi propio piso).

Y finalmente llegó el día en que le pedí parar la relación y que se fuera del piso, y así lo hizo.

Esto fue en verano del 2019 y hasta bien avanzada la pandemia, seguimos teniendo idas y venidas… hasta dos veces tratamos de volver. Quizás lo postergamos demasiado, pero si tengo algo claro, es que los dos nos queríamos y admirábamos, aunque no pudiera ser.

Mirando atrás, Pablo fue fundamental para que aprendiera a creer en mí misma. Me ayudó a mantenerme fuerte y siempre me apoyó, incluso después de terminar. Sin embargo, la verdad es que no estaba preparada para una relación como aquella.

Fue precisamente en esa época cuando empecé a abrirme camino en televisión. Mi primer contrato fue en Sin Filtros, un programa donde, hasta el día de hoy, conservo grandes amistades. Formábamos un equipo joven y con muchas ganas, y esa conexión ha perdurado. Luego pasé a trabajar en Punto de Mira, programa de investigación a nivel nacional que, por desgracia, terminaron cancelando.

La pandemia marcó un paréntesis en mi vida. Durante ese tiempo trabajé en el documental Los GEO, una de las pocas producciones de Amazon Prime que no cancelaron durante el confinamiento. Fue en esa etapa cuando terminé de ir abriéndome camino en el mundo audiovisual y prácticamente dejé atrás la enfermería por un tiempo.

Supongo que algunas relaciones, aunque no perduren, dejan una huella importante. Con Pablo aprendí mucho sobre mí misma y sobre lo que necesitaba. Aunque no éramos compatibles en muchos aspectos, su apoyo fue clave en mi desarrollo personal. Hoy entiendo que las personas llegan a nuestra vida en momentos concretos, y que incluso lo que no funciona enseña lecciones valiosas.

Si yo avancé en esa etapa profesionalmente también, sé que en parte fue por su apoyo y confianza siempre en mis capacidades y siempre le estaré agradecida por todo.

Porque es mi ex más guapo, pero si es guapo por fuera, más lo es por dentro.

Capítulo 5: COVID – La llamada inesperada (y cómo decidí responder)

En marzo de 2020, mientras el país entraba en estado de alarma, yo seguía trabajando en el documental de los GEO, ese proyecto de Amazon Prime.

Trabajábamos a distancia, organizando archivos y preparando material. Pero a medida que las noticias mostraban hospitales desbordados, mi formación como enfermera empezó a pesar más que nunca. Sabía que podía ser útil en primera línea. Así que tomé la decisión de volver temporalmente a la sanidad.

Puse mi currículum a disposición de los hospitales, con la condición de que pudiera compaginar los turnos de mañana con el trabajo de periodista desde casa por las tardes. No había mucho más que hacer en aquellos días de encierro, así que parecía la decisión más lógica. Pronto me llamaron del Hospital Infanta Leonor, en Madrid, donde comencé a trabajar a principios de abril. Sin embargo, soy consciente, por la experiencia que vivieron algunos de mis compañeros, de que las peores semanas fueron las últimas de marzo.

Recuerdo entrar al hospital con la inocencia de pensar que me asignarían a la planta de ginecología para atender a pacientes embarazadas con COVID. Pero no, no había partos en el hospital; a las mujeres embarazadas que daban a luz, les daban de alta lo más rápido posible. Toda la planta estaba llena de enfermos de COVID. Pacientes jóvenes de 40 y 50 años que entraban caminando por sus propios medios y, en cuestión de días, comenzaban a desaturarse hasta morir. Era una pesadilla.

Lo peor fue la falta de recursos, el desconocimiento y el aislamiento a seres queridos. No había mascarillas suficientes, así que teníamos que reutilizarlas durante días. Nos poníamos bolsas de basura porque no había equipos de protección adecuados. Nos iban moviendo constantemente de una planta a otra según las necesidades. Me bajaron al gimnasio, que lo habían transformado en una especie de hospital de campaña para pacientes que no eran candidatos para la UCI, pero que tampoco podían ser enviados a casa y tampoco estaban tan bien como para estar en una planta normal. Tenían que estar a la vista del personal de enfermería y como esa sala era diáfana, aunque los pacientes no tenían intimidad, podíamos verlos desde el control de enfermería.

En esa etapa comencé a escuchar el término "enfermería de guerra". Allí tratábamos de hacer lo que podíamos por pacientes mayores o con patologías previas graves.

Fueron días agotadores. Estar sudando dentro de un traje de protección, cuando comenzamos a tenerlos, sin ver a la gente, mirando los ojos llenos de miedo de los pacientes... Había momentos en los que dudé de si realmente podía con todo aquello. Pero algo bonito surgió en medio de tanta oscuridad: la solidaridad entre el equipo sanitario. Muchos venían de otros sectores, personas que habían dejado la sanidad por diferentes motivos, pero que volvieron en masa para ayudar. Aprendimos entre todos, sobre la marcha. Descubrimos, por ejemplo, que colocar a los pacientes boca abajo mejoraba su saturación.

Lo más duro, sin duda, fue el aislamiento de los pacientes. Las familias no podían entrar, y pasaban semanas sin saber nada de sus seres queridos. Cuando podíamos, les hacíamos videollamadas con una tablet. Recuerdo sostener la pantalla para que los pacientes pudieran ver a sus familias. Los familiares lloraban, los pacientes lloraban, y nosotros también, bajo todo ese plástico que nos cubría. Fue desgarrador.

Tuve suerte de que ninguno de mis pacientes falleciera en mi turno hasta bien avanzada la pandemia. Pasó más de un año antes de que viera morir a alguien de COVID en planta. Era como si tuviera un halo de buena suerte. Pero, aun así, el desgaste emocional fue enorme.

Nos trasladaron al hospital anexo Virgen de la Torre, que normalmente es una especie de paso intermedio entre un hospital y un geriátrico, pero que en ese momento atendía a residentes con COVID en condiciones muy complicadas. Allí, aunque la situación seguía siendo dura, encontré un equipo increíblemente solidario y comprometido. Surgieron grandes amistades de esos días.

En esos meses, nos convertimos en el puente entre los pacientes y sus familias. A veces éramos las únicas voces y rostros que veían en días. Y aunque fue una experiencia muy dura, también fue dignificante. Una profesión que muchos despreciaban pasó a ser algo fundamental. Los que estábamos "para limpiar culos", como algunos decían, nos convertimos en el pilar que sostenía a muchas familias.

El COVID me cambió. Me hizo ver que la vida puede desmoronarse en cualquier momento, pero también que hay una fortaleza dentro de nosotros que ni siquiera sabíamos que teníamos. Y, sobre todo, que la compasión y la solidaridad pueden surgir incluso en los momentos más oscuros.

Hay cosas en la vida que no se pueden arreglar, que solo se pueden sobrellevar. Megan Devine.

Enfermería pre y post-COVID

La profesión de enfermería está llena de anécdotas: algunas buenas, otras no tanto, pero todas dejan huella y enseñan algo. Mi primera experiencia como enfermera en España fue, sin duda, peculiar. Recuerdo que un día, en una de mis primeras experiencias laborales, una señora se saltó el turno de otro paciente. Con amabilidad, pero firmeza, le expliqué que debía esperar.

Su reacción fue desproporcionada: se enfadó tanto que me lanzó una silla. Sí, una silla. Tuve la suerte de ser lo bastante rápida como para esconderme con el escritorio y evitar el golpe, pero me cagué de miedo. ¿Su excusa? Era drogadicta. ¿Mi conclusión? Que debía tener mucho cuidado, que en los centros de salud eran necesarios los guardias de seguridad y que quizás la enfermería fuera una profesión de riesgo. ¡Bienvenida a la enfermería en España!

Aunque ese trabajo duró solo un mes (y matizo que fue mi primer contrato como enfermera), dejó historias que no olvidaré. En una ocasión, dos familias se enzarzaron a puñaladas justo frente al centro de salud. Los médicos, ni cortos ni perezosos, se encerraron con llave en una habitación anexa, mientras mi compañera —otra recién graduada como yo— y yo intentábamos poner orden como podíamos.

Imagina la escena: un hombre acuchillado en nuestros brazos, sin ambulancia (que, casualmente, se había ido minutos antes con otro paciente al hospital) y sin apoyo médico, por razones obvias. Logramos estabilizarlo, pero la angustia de ese momento se me quedó grabada a fuego. Incluso salió en los periódicos allá por 2010, en la localidad granadina de Íllora.

Otra situación que me impactó profundamente ocurrió durante mis prácticas en digestivo en 2009. Vi a una mujer vomitando sangre y morir pocos segundos después por una hemorragia digestiva. Fue la primera muerte que presencié en directo. También me marcó un chico de 16 años en la unidad de cirugía plástica de Granada, con el cuerpo completamente quemado. Se había prendido fuego tras una pelea familiar. Esa imagen es algo que jamás podré borrar de mi memoria.

Más reciente fue un caso en el verano de 2022, mientras trabajaba días sueltos en un centro de salud. Una paciente con cáncer de piel, adicta a la morfina y la oxicodona, para paliar los dolores que le producía ese cáncer con metástasis, llegó completamente drogada. Apenas podía mantenerse en pie y terminó orinándose encima. Me dio tiempo suficiente para acercarle una papelera y que no se pusiera toda la falda perdida, pero fue impactante igualmente como una persona termina reduciéndose a eso. Era guapísima, elegantísima y siempre venía acompañada de un marido desesperado, porque no sabía qué hacer para que no abusara de la medicación y al mismo tiempo se le rompía el alma de verla con tremendos dolores. Tres días después, me enteré de que había fallecido. La noticia me dejó en shock porque, a pesar de todos los dolores que arrastraba, era una mujer con una energía tremenda y no se quería morir.

La enfermería no siempre deja buenos recuerdos, pero, durante el COVID, al menos pude sentir la gratificación de estar allí para quienes más lo necesitaban. Quizá por eso logré soportarlo. Con el tiempo, aprendí a no involucrarme emocionalmente al cien por cien con cada paciente. Si lo hiciera, no habría manera de lidiar con todos los dramas de las personas a las que atiendo sin terminar hecha polvo.

Curiosamente, con el periodismo me ocurre lo contrario. No salvo vidas, pero me obsesiono con cada tema. Las ideas me persiguen, y me cuesta desconectar cuando llego a casa. La enfermería, en cambio, me ancla. Me recuerda constantemente lo frágil que es la salud y lo rápido que la vida puede esfumarse en un suspiro.

La experiencia te da madurez, pero también te enseña a mantener un equilibrio. Porque encariñarse demasiado puede doler y puede hacer que la profesionalidad se quede en el camino. La enfermería te muestra lo pequeño que eres y lo efímera que es la vida, mientras que el periodismo te permite soñar y explorar lo grande e incomprensible que es el mundo y su manera de funcionar.

Y así, entre la profesionalidad, realidad y la humildad de la enfermería y la curiosidad del periodismo, he encontrado mi combinación perfecta. Dos mundos llenos de locuras, pero también de lecciones de vida que me han moldeado y me siguen enseñando cada día.

Contrastes

Si tuviese que comparar o diferenciar ambos mundos, diría que la enfermería y el periodismo son como el agua y el aceite: se parecen en que ambos son intensos y llenos de locuras, y no hay un día igual al otro, pero ahí acaban las similitudes. Mi experiencia trabajando en televisión depende mucho del medio y, sobre todo, del equipo con el que estés. Pero las diferencias que yo noto entre el mundo de la salud y el mundo de los medios se resumen, en una palabra: **el ego**.

En el mundo de la salud, los compañeros —obviamente— también tienen su ego, pero da la sensación de que lo dejan a un lado para centrarse en la persona que tienen delante. Sin embargo, en los medios, parece que estamos todo el tiempo salvando vidas. ¡Vamos, que los gritos que he vivido en mi vida profesional no han sido en enfermería! No ha sido cuando me he equivocado con la medicación —algo que puede poner en riesgo la vida de alguien (y a todos nos pasa; a todos los enfermeros nos ha pasado cometer un error en algún momento)—.

Por ejemplo, en Francia, una vez me equivoqué con una dosis de insulina. Iba corriendo, me di cuenta, llamé al médico con el corazón a mil por hora y le dije:

—Mira, me he pasado: le he puesto más insulina de la cuenta.

Y él, tan tranquilo, me respondió:

—No te preocupes. Pásate cada hora, hazle controles y, si ves que la tiene baja, le das galletas.

Y eso hice.

Pero la diferencia es que, en enfermería, a pesar de la enorme responsabilidad que tenemos, la gente tiene mucha más empatía contigo, es más humilde y te ayuda. Y te repiten, las veces que haga falta, que el mundo no se acaba porque te equivoques. Y si el mundo de alguien se acaba porque te equivocas —que a mí no me ha pasado, pero es algo que puede pasar—, también te apoyan en masa, porque se da por hecho que un error así destroza primero al profesional. Porque se asume que hacemos todo lo humanamente posible, y más. Y eso no ocurre en todas las profesiones.

En cambio, en el mundo de la televisión, aprovechan cualquier vulnerabilidad para evidenciarte. Se nos da en mi opinión, una importancia a nosotros mismos que no tenemos y de la misma forma, se le da importancia a cosas que no deberían tener tanta importancia y lo que de verdad sí es importante como la elección de los temas que se cubren y el enfoque de estos, es algo que termina decidiéndose entre muy pocas personas sin tener en cuenta al currante de a pie.

Aquí predomina el ego, y el trabajo, aunque sea bonito y divertido (y a veces gratificante), es una jungla. Sobre todo, en el entretenimiento, o al menos es a la conclusión que he llegado en base a las experiencias que yo he vivido.

La tele, cada vez la ve menos gente y esa debería ser la primera cura de humildad a nuestra profesión. Últimamente, si la gente quiere ver algo, se pone Netflix, Amazon, cualquier otra plataforma o simplemente tira de YouTube. ¿Quién va a saber quién es la reportera que hace pantalla en el programa de Ana Rosa? ¿A quién le importa? Salvo que por alguna polémica te termines haciendo viral… y normalmente en estas ocasiones no suele ser para bien.

¿Cómo, aun así, un director se permite el lujo de gritarte o pedirte cosas con un desdén propio de estar operando a corazón abierto, cuando no lo estamos haciendo? ¿Cómo cuando alguien debería indignarse y pelear por el enfoque de algún tema o la elección de otro, prefiere callarse para mantener su puesto? El periodismo, en los últimos tiempos, es cobarde. Porque todos nos conocemos entre todos. Porque puede que seamos un grupo de unas

10 mil personas rulando y rulando de programa en programa. Y esto funciona así. Lo difícil es entrar en la rueda. Una vez dentro, es rodar y rodar y rodar. Sin hacer mucho ruido. Sin dar mucho por culo, pero sin ser relevante de verdad o contribuir a lo que realmente importa.

A lo mejor hay más dinero de por medio, pero ni siquiera se acerca a lo que se invierte en sanidad cada año. Y la pandemia, al menos durante unos meses, me dio la sensación de que puso todo en su sitio. Por un momento, parecía que la gente entendía lo que realmente importaba. Incluidos los medios de comunicación.

Luego, como siempre, volvimos a lo de siempre: egos inflados, gritos y dramas que, en realidad, no salvan vidas.

Al final, la vida es demasiado corta para no reírse de todo un poco. Y aunque cada vez soy más crítica con el periodismo, es algo que me apasiona y que funcione, que nos permite conocer muchas claves del mundo, de cómo funciona y donde la creatividad también tiene su hueco.

Si quiere algo que nunca has tenido, debes estar dispuesto a hacer algo que nunca has hecho. Thomas Jefferson.

Capítulo 6: Los entresijos de la televisión

Diez años. Diez años de cámaras, guiones, historias y personajes que han dejado una huella imborrable en mi vida. Todo comenzó como becaria en una de las múltiples redacciones en las que he estado, un punto de partida humilde, pero lleno de ilusión. Desde entonces, he ido avanzando poco a poco, abriéndome camino lentamente y sumergiéndome en el fascinante mundo de la televisión. Más concretamente, en el periodismo de investigación, que es mi especialidad, aunque con una década de experiencia, creo que he hecho prácticamente de todo: he investigado, denunciado, entrevistado a perfiles sumamente interesantes y he contado historias que me han conmovido, indignado y, en ocasiones, hasta hecho reír al público.

He trabajado en programas de actualidad, magacines, documentales, en programas semanales en horario de *prime time*. He explorado el humor, el entretenimiento y, sobre todo, el periodismo de investigación y denuncia social. Ahí, entre reportajes y sucesos, es donde he vivido las experiencias más intensas y enriquecedoras. Y esas son, sobre todo, las anécdotas que hoy quiero compartir contigo.

Si no fuera por esta profesión, jamás habría conocido tantas historias, lugares y contextos que ahora forman parte de mi vida. Es un auténtico regalo poder decir que no hay dos días iguales. Cada jornada es una aventura: descubrir los entresijos de la sociedad, localizar a personas que parecen salidas de una novela y, sobre todo, entender un poco mejor cómo funciona el mundo. Esa es la magia de este oficio.

Hoy quiero llevarte de la mano por mis experiencias más curiosas, divertidas y reveladoras. Eso sí, no esperes todos los nombres de programas, productoras o jefes. Algunos de ellos vienen acompañados de cláusulas de confidencialidad que parecen enciclopedias. No vaya a ser que, sin querer, destape algún secreto de Estado o, peor aún, me meta en un lío y me gane una demanda porque voy a pelo. Ni seudónimo ni hostias, con nombre y apellidos y como digo más arriba, en esta industria, nos conocemos todos.

Aun así, no te preocupes, eso no impedirá que te cuente todo lo que sí puedo contar, todo el salseo que quieres leer, y todo lujo de detalles de cómo he vivido cada momento, tanto los buenos como los malos.

Porque, si algo me define, es mi honestidad y la lealtad a aquellos que me tratan bien. Me encanta compartir, inspirar y, sobre todo, aprender de cada experiencia. Si estas anécdotas te sirven y ayudan a conocer cómo funciona esta apasionante jauría o simplemente, te entretienen, para mí ya habrá valido la pena.

Así que, sin más preámbulos, comencemos como a mí me gusta: por el principio…

Primer contrato. El violador de pirámides

Quizás esta sea la parte más romántica del libro. Aunque suene raro unir «violador» a «romanticismo». Volvamos a colocar el botón de ironía en modo *on*.

Recuerdo que el día que terminé el máster en reporterismo de investigación en TRACOR (o Atractor, como le decían porque era más caro que una mortaja) y comencé mis prácticas en Sin Filtros (una página web que hoy en día ya no existe pero que, en antaño, en 2016, podía verse en plataformas como YouTube), volví a casa pensando que era la persona más afortunada del mundo.

La redacción era jovencísima, todos mis compañeros superagradables, y aquella sala estaba llena de luz y murales con cámaras y territorios exóticos que me hacían sentirme en el lugar más profesional del mundo audiovisual. Desde el minuto uno me sentí acogida.

Además, quienes estaban allí «dirigiéndonos» era gente que venía de Callejeros, de Diario D, o del mismo equipo de investigación.

Yo lo estaba flipando y veía que mi sueño de ser una super reportera de investigación se hacía realidad. Me quedaba con la boca abierta cada vez que veía a algún compañero con más experiencia rebuscar a los malos de cualquier trama en Facebook para luego hacer magia audiovisual utilizando todas sus fotografías de redes sociales, y no podía disfrutar más al descubrir que Forocoches era la puerta del mal, junto con Milanuncios. Lo que hoy sería el equivalente a Telegram.

Todavía recuerdo mis primeros reportajes. El primero fue sobre la fiebre del *running*. Como no tenía ni idea de cómo organizarlo y era mi primera grabación, el pobre cámara se pasó hora y media corriendo al mismo ritmo que los corredores. Yo pensaba que esa era la mejor manera de grabarlo, insertándonos tal cual en la grabación (me pensaría yo que estaba haciendo un *reality*, vaya...) y los *runners*, por supuesto, también. Fue cuando mi compañero me dijo que necesitaba que repitieran tal trayecto o tal paso, para poder grabarlo sin que la cámara y el plano se moviera más que el garbanzo en la boca de un viejo, que me di cuenta de lo verde que estaba y de todo lo que me quedaba por aprender.

Sobre todo, a decirle a la gente que, si accedía a participar con nosotros, esa mañana era perdida y era única y exclusivamente para nosotros. Suena egoísta, lo sé, pero así es. Y eso fue lo primero que aprendí de aquel reportaje. Que cuando la gente accede a grabar, está a tu disposición y si no está a tu disposición, mejor no grabes nada porque el resultado no va a ser bueno.

También estuve en otras grabaciones de compañeros, haciendo precorte en Avid, que básicamente consiste en seleccionar el mejor material de lo grabado y enviarlo para su edición. Aprendí un montón de todo aquello, pero fue cuando se presentó mi primera gran oportunidad que todo cambió.

El caso del violador de pirámides. Este individuo había pasado años en prisión por violar a más de 50 mujeres en una zona de Madrid. En pirámides, vaya, que de ahí su nombre.

Había salido en libertad, y el director de la productora quería sí o sí realizar un reportaje sobre él. Me puse a indagar para dar con su paradero. Fue la primera vez que fui consciente del poder de Forocoches, porque ahí encontré la información clave. Un «shurmano» había visto al susodicho en Valencia de Alcántara, en Extremadura. Localicé el pueblo y, gracias a una vecina alcahueta que nos chivó la dirección de la madre del violador por Facebook, mis jefes decidieron enviar para allá a un cámara y a la becaria, o sea, a mí.

Así que me fui para allá con el cámara, el mismo que se había pasado hora y media corriendo detrás de los *runners*. Buru, si alguna vez me lees, que sepas que te quiero con locura y que tienes el cielo ganado conmigo. Gracias por tu paciencia infinita. Eres el mejor.

Una vez llegamos, nos dirigimos a la casa de la madre. Nos dijo que el hijo no estaba, que había salido. Esperamos pacientemente, y cuando Arlindo Luis volvió, volvimos a llamar. Contra todo pronóstico, accedió a ser entrevistado. Y así dio comienzo una de las escenas más insólitas de mi vida.

Decidimos buscar una localización in situ para grabar la entrevista. Lo hicimos en coche. Imagina la escena: Buru al volante, yo de copilota, y el violador de pirámides en los asientos de atrás, dándonos indicaciones. Nosotros pensábamos: "¿Qué sabrás tú, majo, si te has pasado décadas en la cárcel? ¿No van a haber "cambiao" las señales de tráfico desde entonces?". Pero mi compañero y yo solo nos atrevíamos a echarnos miradas de reojo y nos limitábamos a hacerle caso.

Encontramos un parque y decidimos que ese sería el lugar. Una hora de entrevista. El tipo terminó llorando. Según él, se sentía víctima de los abusos que sufrió por parte de su padre y también del sistema, porque insistía en que, en prisión, nadie, salvo los voluntarios, se había interesado por él. Del dolor de las víctimas, ni una palabra. Durante la entrevista, soltó perlas como: "Yo comencé como solemos hacer los hombres, siguiendo y persiguiendo a las mujeres, lo normal". No sé en qué universo vería eso normal, pero fue increíble lo que tuvimos que escuchar. Y ya no solo eso, es que ese señor, estaba fuera. Sin rehabilitar.

En ese viaje, el cámara además tenía la indicación de acercarse a la frontera de Portugal para grabar unos planos del típico cartelito que decía "Portugal" para otro trabajo que estaban haciendo en la redacción y teníamos el pequeño inconveniente de que el seguro de becaria solo me cubría en territorio nacional. Pero alguien tenía que conducir atravesando la frontera mientras que el cámara grababa así que, tuvimos que ser unos malotes y desplazarnos unos cuantos kilometrillos de más. Buru siempre se acuerda de esto porque literal que en la empresa estábamos para todo. Y qué risas.

Cuando volvimos a la redacción, compañeros y jefes quedaron impresionados con el testimonio de semejante personaje. A mi compañero y a mí nos dieron la enhorabuena. Días después, surgió un hueco en la plantilla para una redactora, y estoy segura de que esta entrevista tuvo mucho que ver con que finalmente me ofrecieran el puesto.

Cuando me lo dijeron, no pude ser más feliz. Mi sueño de ser periodista y poder trabajar de ello se estaba cumpliendo. Y así fue como firmé mi primer contrato.

Sanidad Low Cost

Esta empresa, la misma que me dio mi primera oportunidad, no solo me brindó una, sino muchas más. Y uno de los reportajes que guardo en mi memoria con mayor cariño fue el de Sanidad *Low Cost*. En él, quise denunciar las deficiencias a las que estaba sometido el sistema sanitario andaluz, el mismo en el que yo me había formado. Para ello, localicé a varios profesionales de la salud que querían alzar la voz sobre las condiciones en las que trabajaban y la desigualdad entre provincias. Fue en este proyecto donde conocí a Spiriman.

Este hombre, que tras el COVID falleció por cáncer, era en aquel momento un auténtico ejemplo a seguir. Su constancia, fuerza y capacidad de lucha impulsaron a que toda la ciudad de Granada saliera a la calle para manifestarse, pidiendo dos hospitales completos. Spiriman, aunque después cayó en desgracia a ojos de algunos medios televisivos, en Granada nunca dejó de ser un referente. Yo, personalmente, siempre recordaré esa experiencia con él y la valentía que demostró.

El documental fue tan crítico que incluso hubo un partido político que llegó a acusar de que lo había producido el partido de la oposición. Pero nada más lejos de la realidad. Eran simplemente profesionales hablando de las deficiencias con las que tenían que lidiar a diario.

Recuerdo la exigencia de mi directora en la creación del guion. Ella fue clave para que el documental viera la luz, porque incluso dentro de la redacción había quien decía que era "demasiado político" como para emitirlo. Pero gracias a su confianza y a las numerosas horas que pasamos juntas revisando y mejorando el guion, logramos sacarlo adelante. Hoy en día, sigue siendo uno de los trabajos que más realizada me ha hecho sentirme. Porque al final, también es una manera de unir el periodismo y la sanidad, o la enfermería, en mi caso.

Pero no todo ha sido siempre tan serio ni tan gratificante. La mayoría del tiempo, me he movido entre la inmediatez de localizar testimonios clave, la búsqueda incesante de lo esperpéntico (cuanto más impactante y con mayor capacidad comunicativa, mejor), las denuncias sociales y la investigación con cámara oculta.

Sin embargo, entre tanto trabajo intenso, también hubo espacio para los "caramelitos". Y digo caramelitos porque todo el que haya trabajado en medios debería tener, al menos una vez, la oportunidad de hacer un reportaje sobre un tema tan divertido como el sexo. A mí se me presentó esa oportunidad, también en Sin Filtros, que no pudo ser mejor escuela, y no pude disfrutarla más. Así que volvamos al tono cómico.

Os voy a contar la entrevista que tuve con Jordi, el Niño Polla. Bueno, os contaré la entrevista y también los entresijos de cómo se gestó.

Jordi el niño polla

Todo comenzó por Twitter. Le envié una solicitud con un mensaje privado, cuando todavía se podía comunicar así, antes de que Elon Musk llegara y lo pusiera todo patas arriba y te hiciera pagar por poder comunicarte en esa red social. Para sorpresa mía y la de toda la redacción, el Niño Polla me respondió. En ese momento, él se movía entre su ciudad natal, Ciudad Real, y Estados Unidos. Tuvimos la suerte de que lo pillamos en España, así que le propusimos una entrevista. El chico vino en tren y por sus propios medios desde Ciudad Real (ahora me flipa pensar que no le pagáramos ni el transporte a la estrella porno más famosa de nuestro país, con permiso de Nacho Vidal). Vino sin poner ni una sola pega.

Yo me preparé la entrevista y busqué una localización de lo más sórdida: un hotel que era un auténtico picadero. Recuerdo que se entraba directamente a la cochera del apartamento, imagino que, para no ser visto, y después se accedía directamente a la habitación. La que elegimos tenía un columpio con forma de cruz y cadenas, una cama redonda enorme, y todo tipo de espejos y cueros.

Jordi se sentó en el columpio con cara de no haber roto un plato en su vida. Y os juro que intenté hacerle la entrevista más interesante del mundo, pero me costó la vida que este chico me soltara una frase medianamente larga o subordinada. En unos escasos 10 minutos, no había más que rascar. Así que eso duró. Quizás lo más interesante del contenido o lo que más gracia me hizo fue que él defendía que las películas porno también tenían su guion. Que no te digo yo que no, pero me hizo gracia.

Después de grabar, lo llevamos de vuelta a Atocha. Al dejarlo en un semáforo en rojo que rápidamente se puso en verde, mi compañero cámara, (Buru otra vez, para variar), que también conducía, no se dio cuenta de que Jordi aún se estaba bajando. Cuando el semáforo cambió, puso el coche en marcha con tan mala suerte que la rueda debió rozarle el pie...

Yo me acojoné viva. Pensé: "Ay, señor mío, que hemos atropellao a Jordi, el Niño Polla. ¿Ahora qué?". Corriendo, me bajé y salí detrás de él. Primero, para ver si podía mover el pie, y segundo, para decirle a modo heroico, que era enfermera, que me hiciera caso y se aplicara presión para evitar males mayores. Todo esto mientras me agachaba de rodillas delante de él... Ahora lo pienso, y cualquiera que lo reconociera en aquel momento debió flipar con la estampa.

Jordi me dijo que no me preocupara, que estaba bien, que perdía el tren y que se iba. Y se fue.

Y así fue como entrevistamos a Jordi, el Niño Polla, y también lo atropellamos con el coche.

Después de que se emitiera el reportaje, nos dijo que le gustó mucho. Unas semanas después, abrió su propio canal de YouTube. Todavía tengo la imagen de su madre llevándole el Cola Cao a la mesa camilla clavada en mi retina.

Rodaje porno por dentro

En este reportaje sobre sexo, también tuve la oportunidad de hablar con una productora de cine para adultos y proponerles grabar cómo es un rodaje porno por dentro. Ellos nos dijeron que sí, sin poner ninguna pega, porque los actores estaban de acuerdo. Pero el objetivo era mayúsculo: grabar cómo graban una película porno, pero sin que se viera que era porno.

Cuando se lo dije al camarógrafo, que era el mismo que se hartó de correr con los runners, grabar al violador más grande de España y atropellar a Jordi, el Niño Polla, seguro que se quiso cagar en mi nación. Pero Buru siempre ha sido muy educado y, como solía hacer siempre, me dijo: "Bueno, a ver cómo hacemos para no grabar ninguna teta, ningún miembro viril y ninguna parte íntima femenina mientras la pareja se da todo lo dable. Yo haré lo que pueda… pero algo va a salir seguro. Eso tendrán que limpiarlo en edición…".

Yo le daba ideas… rollo: "Grábate un foco tras foco, graba las caras de placer, los pies moviéndose con las embestidas, la ropa tirada al lado de la cama… esas cosillas". Y Buru me miraba serio, como diciendo: "En qué fregaos me metes, tía".

Cuando llevábamos dos minutos dentro, los actores empezaron a saco. No se dieron ni un besico. Y a mí me pareció todo tan bestia y tan a saco que me empecé a agobiar. Me entró una vergüenza terrible y no pude aguantar ahí dentro. Así que dejé a mi compañero grabando dentro con el cámara del rodaje, con los dos actores y con la chica de producción, que parecía la entrenadora personal revisando las posturas del elenco. Yo salí al salón del piso, que lo tenían improvisado como una sala de edición donde estaba el editor montando otra película porno.

Me senté a su lado y estaba tan sumamente nerviosa que me puse a hablarle de cualquier gilipollez con una verborrea que, siendo yo una cacatúa, pocas veces recuerdo haber tenido en mi vida. El editor me miraba con cara de… "¿Pero de dónde ha salido esta tía?".

Cuando me di cuenta, me dije: "Venga, Luz, tú no puedes meter a tu compañero en esta movida y dejarlo ahí dentro solo grabando… vete pa' dentro". Así que me levanté y llegué justo para el momento culmen. Qué romántica y qué oportuna.

A la salida, ya lejos del equipo de la productora, me dio un ataque de risa nerviosa que mi compañero no entendió. Pero a mí me pareció que era la única manera de soltar toda esa tensión acumulada.

Me dio una vergüenza terrible, pero ahora no puedo evitar acordarme con todo el pavo de una adolescente y descojonarme de la risa.

Cuando pegaron a mi cámara en el rodaje sadomaso

Sigamos con la historia de la grabación del reportaje de sexo, porque no pudo dar más de sí. En esta ocasión, también con el mismo compañero de cámara, fuimos a grabar a una ama dándole una paliza a uno de sus "perros" sumisos.

Cuando llegamos al rodaje, el "perro" estaba tapado con una careta con forma de perro, de cuero, y la ama, que tenía bastante sobrepeso, iba envuelta en un traje de correas super sexy.

La ama, que se llamaba igual que yo, Luz, empezó a azotar y a azotar con diferentes látigos al perro, dejándole los cachetes rojos como un tomate. Yo lo estaba alucinando.

Cuando terminó el show (placer, llámalo X, nunca mejor dicho), la ama cogió una de las fustas y empezó a golpear al cámara. Buru, tan prudente como siempre, intentó esbozar una media sonrisa, pero se le veía completamente incómodo. Yo no pude aguantar y me empecé a descojonar de la risa.

Clarísimamente, Buru había ligado, y la ama quería darle lo suyo…

Venta de semen ilegal

Este tema es un clásico, y digo clásico porque lo he grabado dos veces: una en: El punto de mira y otra en TardeAR. Las dos veces utilizando el mismo modus operandi: me meto en foros *random* y grupos de gente muy extraña, pregunto por donantes de semen y cuento que estoy tratando de quedarme embarazada, pero que las clínicas de fertilidad son carísimas; que mi expareja no quiere ser padre y no tiene las ideas claras, y que yo no quiero esperar a que alguien se decida a cumplir mi sueño de ser madre. Que necesito el «jugo del amor». Y que pago por él.

Una vez publicado lo que busco, siempre aparecen los pajilleros de turno que se ofrecen a ser donantes de semen por un módico precio que oscila entre los 100 y los 200 euros por corrida. Aseguran ser los machos más fértiles del planeta, algunos incluso dicen haber dejado embarazadas a muchas mujeres con anterioridad. Y lo que es más peligroso, hay quienes afirman que a través del semen no se transmite ningún tipo de enfermedad de transmisión sexual.

Imaginad mi cara cuando veo que me sueltan toda esta sarta de gilipolleces. Y lo peor es que, en caso de necesidad, hay gente que utiliza estos "servicios", con los riesgos que conllevan para la salud, sin ningún tipo de control ni cuidado médico.

El modus operandi, una vez que tenemos fichado al mejor semental, es el siguiente: lo citamos en algún lugar público o al aire libre. Yo me acerco, me presento, le cuento un poco mi historia y, mientras tanto, grabo todo con cámara oculta. Mientras, mi compañero o compañera, reportero/a, lo abordan en plena transacción económica conmigo, lo graban cámara al hombro y le preguntan en directo qué tipo de operación está realizando y si tiene conocimiento de que es ilegal. Un asalto en toda regla y la mejor manera de exponer a estos sinvergüenzas.

La clave es ir como si fuese yo un filete de carne, de los ricos, de esos a los que no te puedes resistir. Uno de estos susodichos me llegó a decir que el método natural era mucho más efectivo y que se prestaba para eso cuando yo quisiera, hasta que lo consiguiéramos, siempre que le pagase el semen. ¡Asco es poco!

Fiesta swinger

Pongámonos en contexto. Septiembre de 2020. En plena pandemia y, para ser exactos, en plena tercera ola. En aquel momento, estaba trabajando en un *magazine* de mañana en Telemadrid, en 120 minutos, en el área de investigación del programa. A la vez, estaba compaginando este puesto de trabajo, que era de 7 de la mañana a 2 del mediodía, con una jornada completa de enfermera por las tardes, desde las 3 hasta las 10 de la noche. Una auténtica matada. Recuerdo que a duras penas me daba tiempo de comprarme un sándwich para comérmelo en el coche a la salida del programa, mientras llegaba al hospital y le daba bocados en los semáforos en rojo.

La cuestión es que aún había muchas restricciones. Los locales de ocio, como bares y discotecas, aún no podían abrir, y cuando lo hacían, era con muchísimos condicionantes. Se demostró que la mayoría de los contagios ocurrían, como era normal, en ambientes distendidos que se producían fruto del hastío de una sociedad encerrada durante meses.

Descubrimos que había unos locales de intercambio de parejas que seguían abiertos, y quisimos denunciarlo. Para ello, nos infiltramos. Fuimos con nuestra camarita oculta una compañera y yo. Ella no se quitó la mascarilla en ningún momento, así que a mí me tocó jugar a ser la amiga inconsciente y loca, que es lo que mejor se me da, por lo visto.

Nuestra coartada, para que fuera creíble, era que yo, una soltera, inexperta, inconsciente y con mucha curiosidad, estaba hablando con un chico de Tinder que le encantaba. Este le había propuesto venir a un club así, pero como nunca lo había hecho antes, no quería parecer una pardilla. Así que decidió ir primero ella a ver qué tal, y al contárselo a su pobre amiga (mi compañera), ésta la acompañó porque no quiso dejarla sola.

Conseguimos absolutamente todo. Imágenes de una bacanal, gente metiéndose droga sin ningún tipo de pudor, pero, sobre todo, lo que estábamos buscando: ningún tipo de miedo a contraer el coronavirus ni tampoco ninguna responsabilidad.

Entre las personas que estaban dentro, había justo un médico con especialidad en neumonía. Acojonante… Y algo también acojonante es que el club en cuestión se encontraba prácticamente en frente de un hospital super conocido y grande de Madrid. El Gregorio Marañon.

Lo peor llegó cuando una de las dos parejas con las que entablamos "amistad" mi compañera y yo, pensaron que nuestra curiosidad, (herramienta para conseguir el mayor material posible) se debía a que queríamos probar lo que era introducirnos en una nueva pareja e intentaron traspasar nuestros límites. Recuerdo que me tocaron el culo y me intentaron meter en una especie de habitáculo que estaba hecho para hacer felaciones y cunnilingus, súper estrecho.

Mi amiga no paraba de hacerme gestos para que nos fuésemos, y en cuanto pudimos salir de ahí, yo comencé a temblar.

¿De verdad era necesario llegar a esos extremos para conseguir un buen trabajo? Esta fue una de las numerosas veces en las que me lo planteé. Ser un filete a veces tiene daños colaterales, y la mayoría de las veces, en las empresas que nos contratan ni siquiera son conscientes de los riesgos que asumimos. Abogo por una prima de peligrosidad, ya.

Fiestas ilegales en Airbnb

También durante la pandemia, y en el mismo programa, tuvimos la oportunidad de denunciar la proliferación de fiestas ilegales en pisos turísticos en Madrid. En este caso, no fue algo planeado. Más bien, salimos a pescar. A la caza, a ver si por casualidad, conseguíamos colarnos en alguna fiesta en la que viésemos cómo se saltaban las medidas.

Fue muy sencillo. Éramos, de nuevo, el equipo maravilla de las fiestas de intercambio de parejas. Entramos en un bar, nos sentamos en una mesa y empezamos a ponerles ojitos a los grupos de chicos que veíamos a lo lejos.

Ni dos minutos tardaban en acercarse a darnos conversación y a ligar. A todos les decíamos lo mismo: "Chicos, estamos hartas de la pandemia, queremos irnos de fiestón, llevadnos a alguno".

Uno de ellos nos propuso irnos a Ávila, a una casa rural en la que organizaban fiestas enormes. Pero, finalmente, algún amigo debió de chivarle que mucho más cerca, en La Latina, había otras fiestas más asequibles y con menos kilómetros de por medio.

Así que les seguimos y lo que encontramos jamás pudimos preverlo. Un edificio entero de bloques Airbnb, lleno de grupos de gente, uno por uno, celebrando cada uno una fiesta con su grupo de amigos. Hablaban todos con todos, con las puertas abiertas, visitando unos los pisos de los otros y, por supuesto, sin ningún tipo de protección o medida contra el virus.

En cuanto tuvimos nuestros planos grabados con la cámara oculta y nos explicaron qué se hacía para poder esquivar a la ley, nos fuimos.

Acto seguido, lo denunciamos a la policía. Y los fines de semana siguientes, dejaron de celebrarse más fiestas, al menos, en ese bloque de pisos.

Te dejo mi piso si me follas

Este es uno de los reportajillos de investigación que más asco me dio y que más me tocó la moral de los muchos que he hecho. En el mismo programa de televisión, y es que, en este matinal, nos hartamos de hacer cámaras ocultas.

Vi en un portal de internet un anuncio en el que un señor ofrecía una habitación en su casa a cambio de "hacerle compañía". Como ya de entrada daba bastante mal rollo, empezamos a tirar del hilo.

Entablé conversación con él. Le dije que estaba en situación de necesidad y muy interesada en poder disfrutar de dicho alojamiento. El señor no puso más que facilidades para que concertásemos una cita y nos conociéramos en persona, para hacerme saber sus condiciones. Así que fui, aunque no sola…

Para no ir sola, dos compañeros míos me hicieron la cobertura. Se sentaron en una mesa de al lado, por si en algún momento yo necesitaba ayuda de cualquier tipo, por ejemplo, si el señor se sobrepasaba conmigo.

Recuerdo que yo llegué primero y me senté a esperarlo. Cuando apareció y lo vi, no pudo darme más asco. Un señor de unos 60 años. Efectivamente, ofrecía alojamiento, pero lo de "dar compañía" no era exactamente lo que parecía. La compañía, para esta persona, era sexo. Sexo a cambio de un techo. Me explicó que ya lo había hecho varias veces antes, sobre todo con chicas latinas que llegaban desesperadas a nuestro país y no tenían dinero para costearse una habitación. Estaba muy acostumbrado a ese modus operandi.

Se me puso la carne de gallina de pensar en las barbaridades a las que se han tenido que someter algunos inmigrantes que vienen en situación de irregularidad, precariedad y necesidad. Me sentí muy vulnerable. No sé si una denuncia periodística de este tipo sirve para algo, pero me temo que no mucho puesto que anuncios de este tipo siguen viéndose cada dos por tres en internet.

Los Gallos de Villaverde

A este trabajo en concreto le guardo muchísimo cariño. No sé si fue por lo bien que me lo pasé en el proceso de producción, porque este proyecto me permitió volver a la televisión después de varios meses trabajando solo de enfermera durante la pandemia, o porque el equipo con el que me tocó trabajar fue simplemente maravilloso.

En esta producción, tuve la oportunidad de conocer a una "mañica" a la que no le puedo tener más cariño y que me hizo descubrir que había alguien en este planeta que podía ser más de pueblo que yo y beber cerveza mucho más rápido que yo, sin apenas notarla.

Fue un programa muy cortito, que apenas duró un mes y medio, pero que me hizo disfrutarlo muchísimo. Hicimos muy buen equipo, y no recuerdo haberme reído tanto mientras trabajábamos.

Era un programa sobre denuncia vecinal. Teníamos que localizar casos en los que hubiese disputas vecinales dentro de la Comunidad de Madrid, algo muy complicado, primero, de encontrar y, segundo, de conseguir que los involucrados quisieran hablar.

El objetivo del departamento de redacción era localizar estos conflictos vecinales, distinguir cuál era el conflicto y quién estaba en una postura y quién en otra. Con la ayuda de una psicóloga y un abogado, tratábamos de llegar a un acuerdo. Todo esto grabado y tratando de ayudar a los vecinos.

A mí me vino la virgen a ver porque conseguí "el caso". Nunca una denuncia social me ha parecido más friki, más original y divertida. Os cuento:

En Villaverde, un barrio de Madrid resulta que había gallos sueltos en una zona verde. Los gallos, a las 5 de la madrugada, comenzaban a cantar, y había varios vecinos, uno en especial, que estaban hartos de los cánticos por las mañanas. Había pedido en innumerables ocasiones al ayuntamiento de Madrid que retirase a los animales y que se los llevase. Eran gallos y gallinas que se procreaban, y cada vez aparecían más huevos y más pollos. Un auténtico espectáculo en una ciudad como Madrid. Cuando lo vi por primera vez, no daba crédito.

El vecino anti-gallos llevaba quejándose meses y meses a las autoridades pertinentes, sin que consiguiese que se llevasen a los animales de allí. Además, había otros vecinos, animalistas, que echaban de comer a los gallos y que no querían que se los llevasen porque decían que los gallos y las gallinas allí eran felices.

El conflicto estaba más que servido, y a mí no me podía parecer aquello más surrealista. Total, que después de convencer tanto a los vecinos que querían a los gallos como a los que no, organizamos una especie de mesa redonda en la zona, en la que todos los vecinos opinaban junto con la presentadora sobre si gallos sí o gallos no, y qué solución se le podía dar.

El vecino anti-gallos alguna vez había querido darle los gallos a un grupo de gitanos. Algo a lo que la vecina pro-gallos se negaba en rotundo porque aseguraba que los querían para peleas de gallos ilegales y que eso era maltrato animal. En medio de este coloquio, en la plaza de los gallos de Villaverde, comenzaron a llegar más y más vecinos que se acercaban a opinar sobre lo que estaba ocurriendo.

Después de mucho consenso, se llegó al acuerdo de que una protectora se los llevaría. Así, el vecino podría dormir por las noches, y la animalista estaría tranquila de que los animales irían a parar a buenas manos. Pero cuando la protectora comenzó a intentar capturar a los gallos, se montó la de Dios.

Hubo vecinos que comenzaron a correr detrás de los gallos para que no los pudieran capturar porque no querían que se los llevasen. Gallos corriendo por todo el parque, vecinos gritándose unos a otros, el equipo de televisión mirándonos estupefactos, y los de la protectora sin saber dónde meterse tampoco.

Creo que ha sido una de las situaciones más surrealistas de mi vida. Tanto, que tuve que apartarme de la grabación con lágrimas en los ojos de la risa, mientras mi coordinadora me veía y empezaba con un ataque de risa ella también. Todo esto mientras la presentadora intentaba poner paz con un megáfono.

Al final, quedó un muy buen programa. A los jefes les encantó, y cada vez que recuerdo a los gallos de

Villaverde, no puedo evitar soltar una carcajada por los momentos tan surrealistas que me ha regalado esta profesión a lo largo de mi vida.

Venta de bragas usadas

Este es uno de mis temas estrella. Sobre todo, porque bien podría sacarme algún sobresueldo después de haberlo hecho, ya que lo que es la cartera de clientes asegurada, ya la tengo. Ya sabéis, las reseñas y el boca a boca cuando los clientes quedan contentos con el producto.

La realización de este reportaje surgió con la idea de contar cuáles son los fetiches más comunes en nuestra sociedad y qué tipo de dinero mueven.

La idea surgió cuando mi hermana, que es médico y tiene muchos seguidores en Instagram por su labor de divulgación, me contó que un tipo desagradable le había ofrecido dinero a cambio de fotos de sus pies. Ella, sin pensarlo, lo bloqueó de inmediato y no quiso saber nada más. Pero yo, en cambio, le pedí que me pasara su perfil. Nunca se sabe cuándo puede ser útil tener localizado a alguien así, por si en algún momento necesitábamos un testimonio para algún tema.

Ese momento llegó. En el magazine de tardes en el que estaba trabajando, nos propusieron realizar un reportaje de investigación sobre el dinero que movían este tipo de prácticas y qué tipo de perfiles había detrás de las mismas.

Lo que descubrimos nos dejó a más de un estupefacto. Escribí a este perfil, y para tener un aval, le dije que era la hermana de la influencer y que, aunque ella no estuviera interesada, yo sí.

Fue muy sencillo. Por una fotografía de mis calcetines, el tipo me hizo un *Bizum* de 20 euros para que yo viese que no iba de farol. Acto seguido, comenzó a realizar otro tipo de peticiones, como braguitas usadas y, a ser posible, cuanto más usadas, mojadas y sucias, mejor. Una joya de fetiche, vaya.

Quedé con él en un centro comercial de Madrid. El cámara me acompañó y lo grabó todo desde una distancia prudente, mientras yo le entregaba las bragas usadas y llevaba una cámara oculta.

Cincuenta euros me pagó en mano, pero no fue eso lo más impactante. Lo que más me asombró fue hasta dónde llegó aquella conversación.

Pasó de pagarme 50 euros por unas bragas usadas a proponerme grabar escenas pornográficas entre él y una amiga (1.000 euros), u ofrecerme 10.000 euros por hacer el contenido yo misma mientras humillaba a algún chico.

No sé qué narices hizo, pero me metió en un grupo en una red social rarísima y, tras decirme que había hablado bien de mí, me empezaron a escribir como cinco personas ofreciéndome cantidades de dinero estratosféricas por realizar contenido humillando a alguien.

No os voy a negar que no se me pasase por la cabeza hacerlo, pero no llegué a tiempo. Esta gente quería el contenido YA, y en ese YA, mi pareja de aquel momento, la única persona con la que se me ocurría que podía hacer ese tipo de contenido, estaba en Barcelona por un viaje de trabajo. Así que me quedé con todas las ganas de comprobar si era cierto que pagaban esas sumas de dinero.

Hasta una cuenta *Wise* me hice.

Y estoy segura de que tan solo rasqué la punta del *iceberg* de la prostitución de jovencitas que terminan en Tik-Tok, Onlyfans y grupos de Telegram de sumisos, en los que, a cambio de unos miles de euros, que te amueblen el piso o te paguen un viaje, les mandas vídeos íntimos de lo que te pidan.

Repugnante.

Cuando un pederasta me llamó guarra y zorra

Esta anécdota me tocó bastante en su día. Creo que la denuncia era muy necesaria, pero fue un tema muy delicado.

Trabajaba para un programa semanal de actualidad e investigación con plató en *prime time* en una cadena nacional. Para los frikis de la televisión, se llamaba Todo es Verdad y lo presentaba Risto Mejide y nada más aterrizar en el formato, dirección me pidió que intentase localizar a una madre que denunciaba que su hijo había sufrido abusos sexuales por parte de un pederasta.

Los hechos ocurrieron en Valdeavero, un pueblo de Madrid, y el supuesto pederasta se encontraba en libertad condicional a la espera de juicio, en el que se le imputaban hasta una decena de abusos sexuales a otros menores.

Conseguí localizar a la madre del niño afectado y nos fuimos a su domicilio a entrevistarla. Cuando nos contó cómo estaba su hijo, se me partió el alma. Y ver el estado en el que ella misma estaba, con esa culpa por no haber podido hacer más para proteger a su hijo, también me llegó muy hondo. El menor se encontraba en tratamiento psicológico.

Creo que sentí una especie de necesidad de hacer saber el daño que había causado esta persona a un menor de edad y a su familia. De reparar, de denunciar lo ocurrido para que no volviese a pasar.

Así que conseguimos averiguar la dirección del pederasta y fuimos a su domicilio para preguntarle por los hechos por los que estaba imputado y a la espera de juicio.

Tras llamarle por el telefonillo, primero nos dijo que sí era él, pero cuando vio las cámaras, cambió de versión. Dijo que no, que era su hermano la persona que buscábamos y que nos fuésemos de allí porque no estaba. Que en

esa casa había menores de edad. Tócate los cojones...
Ahora si le interesaban los menores, oye.

La cuestión es que insistí. Y la respuesta de esta persona fue una tira de insultos sin fin: "puta, zorra, guarra..." y una amenaza de muerte incluida. Que, si volvía a tocar el telefonillo, bajaba y me cortaba el cuello.

Sinceramente, no tenía miedo. Mi compañero de cámara estaba mucho más asustado que yo porque, en estos casos, siempre son los primeros que reciben. La gente se va directamente a las cámaras, a destrozarlas y a hacer todo el daño posible a quien las lleva.

Yo, en cambio, lo que sentí en aquel momento fue una satisfacción de que la gente pudiese ver el tipo de persona que era sin ningún tipo de filtro, porque se quedó bien a gusto insultándome y, obviamente, lo emitimos y denunciamos.

Al día siguiente, fueron muchos más los medios que acudieron a la puerta del domicilio a contar la situación, e incluso los vecinos se quejaron de la presencia de esta persona allí.

No sé si esto último era necesario. Lo que sí sé es que la situación psicológica en la que quedaron esas familias no debería quedar indemne. Aquella vez, sentí que mi trabajo sí valió la pena y era necesario.

Más información del caso:

Según El País, el acusado, conocido como "El Toba", ya había sido condenado anteriormente por abusos sexuales a menores y estaba acusado de otras diez agresiones. El caso generó una gran polémica en la localidad de Valdeavero, donde los vecinos se manifestaron en contra de su presencia en el pueblo. La justicia había retrasado el juicio en varias ocasiones, lo que aumentó la indignación de las familias afectadas.

Ingrid, la hija no reconocida del Rey Emérito

En esta misma productora, trabajábamos en otro programa de televisión sobre casos de hijos no reconocidos. "Quién es mi padre", se llamaba y uno de los temas a tratar fueron los supuestos hijos no reconocidos del rey emérito de España. Investigando en las noticias, descubrimos que una ciudadana belga, Ingrid Sartiau, llevaba años reclamando que el rey la reconociera como su hija, pero nunca obtuvo respuesta.

A Ingrid se lo contó su madre. Le reveló el secreto de que, estando de vacaciones en España, se acostó con él, pero que se conocían de años antes, cuando el rey veraneaba en Bélgica.

La belga había denunciado y escrito a la Casa Real en innumerables ocasiones, pero sin ningún tipo de respuesta. Ni mucho menos habían accedido a cederle una muestra de ADN para comprobar si la información era cierta o no.

El caso es que tuvimos que localizarla a través de redes sociales y comenzar a trabajar con ella en la propuesta de realizar un documental en el que contásemos su caso.

Para ello, tenía que comunicarme con ella en francés, después de 7 años de haberme vuelto de Niza. He de reconocer que, aunque me vino bien para refrescarlo, fue un trabajo extenuante. El más complicado y sacrificado que he hecho nunca, por toda la energía que me consumió.

Ingrid era una persona muy demandante. Me hacía preguntas sobre temas legales, una tras otra, y yo no tenía la menor idea de cómo responder, porque el ámbito jurídico no es mi campo, aunque posteriormente terminara especializándome en sucesos.

Cada llamada con ella duraba, como mínimo, una hora, y raro era el día en que no hablábamos. Así estuvimos durante un mes. Al mismo tiempo, surgió la duda de si valía la pena viajar a Bélgica para grabar el lugar donde, supuestamente, su madre (ya fallecida) y el rey emérito de España se conocieron. También queríamos filmar la casa donde Ingrid creció, ubicada en una zona acomodada cerca de Gante, y, sobre todo, entrevistar a su tía, la hermana de su madre. Ella seguía con vida y aseguraba que su hermana le había contado con todo lujo de detalles su romance con el rey emérito.

La verdad es que ver esa entrevista con esa señora de alrededor de 80 años, contando y reafirmándose una y otra vez en que Juan Carlos era el padre de Ingrid, como mucho, te hace plantearte la posibilidad "real", nunca mejor dicho de que lo que cuenta Ingrid es verdad.

Tuve que gestionarlo todo: desde hablar con los dueños del castillo belga donde supuestamente se conocieron la madre de Ingrid y el rey emérito, hacer la solicitud, conseguirla y llegar a determinados acuerdos sobre qué temas abordar en la entrevista y qué temas no. En el reportaje, nos insistieron una y otra vez en que el Rey de España jamás estuvo allí y querían que eso quedase claro.

Hoy en día, me cuesta saber si es creíble o no. En el fondo, me lo creo, pero a veces me asaltan las dudas. Ingrid asegura tener pruebas, como una fotografía que jamás ha hecho pública, pero que, según ella, demuestra sin lugar a duda que Juan Carlos es su padre. Algo no encaja. Si ya ha mostrado toda la artillería pesada, ¿por qué justo esa foto sigue guardándosela? ¿Qué sentido tiene mantenerla en secreto si, año tras año, nada cambia y ni siquiera llevan el caso a los tribunales? Esa actitud de Ingrid me genera muchísima desconfianza.

Pero, por otro lado, Blanca de Borbón, familiar del rey emérito, tuvo la oportunidad de conocerla mientras grabábamos este documental, y desde entonces no han parado de tener contacto. Blanca ha ido a visitar a Ingrid a Bélgica, y también Ingrid viene de manera recurrente a visitar a su "familia".

La producción, grabación y edición de este documental, junto con la preparación del debate en plató, nos llevó meses. Fue una experiencia interesante y divertida, además de un reto personal, porque tuve que desempolvar mi francés y, para mi sorpresa, lo hice bastante bien. Pero, sobre todo, me permitió viajar a Bélgica. Una de las cosas más fascinantes de esta profesión es que, además de descubrir historias apasionantes, también te lleva a lugares increíbles que, de otro modo, jamás visitarías. ¿Quién me iba a decir que algún día vería el *Château* de *Waterloo*?

Fue un trabajo agotador, absorbente e incluso diría que enfermizo. Porque justo cuando por fin se emitió y me quedaba un día para irme de vacaciones… ¡zas! Me desperté con un crujido en el cuello. Probablemente, fue consecuencia del estrés acumulado durante semanas y de un latigazo cervical que sufrí en un accidente en 2015. ¿El resultado? Una hernia cervical en la C5-C6 a los 32 años, un viaje a Costa Rica cuatro días después y un dolor insoportable que se irradiaba hacia el brazo izquierdo. Siempre me quedará la duda: ¿Fue por el estrés?

Espero que no, porque me parece que, si los trabajos interesantes van a terminar produciéndome hernias cervicales, mucho me temo que voy a terminar con la columna como una auténtica gancha.

La vez que fui a juicio

Este reportaje lo hicimos en 2022, también en el programa Todo es Verdad. Tras la muerte en Murcia de una chica por una liposucción mal hecha, además de tratar este tema en el programa semanal en *prime time* en el que trabajaba, indagamos y descubrimos a otro cirujano que acumulaba al menos 50 afectadas que se quejaban de operaciones estéticas con un resultado nefasto.

Dicho cirujano, que también era linier de fútbol, había sido muy mediático en su día al considerarse pionero en realizar una operación de reasignación de sexo. Este cirujano era muy joven para toda la excelencia que acumulaba y había sido entrevistado en espacios muy bien considerados por el público, como La Resistencia (antes de pasar a llamarse La Revuelta y emitirse en TVE).

La cuestión es que todo este prestigio no cuadraba con la cantidad de chicas que se quejaban de los resultados de las operaciones. Tras hablar con muchas de ellas, comenzaron a enviarnos las fotos del antes y del después.

He de reconocer que tenían todos los motivos del mundo para no estar satisfechas con los resultados. Así que, una vez hecho el trabajo de campo desde la redacción, nos desplazamos un equipo hacia Valencia. Era el mismo chico cámara que grabó conmigo la amenaza de muerte del pederasta, así que, al menos, la buena compañía estaba asegurada, y eso siempre da confianza.

Fueron dos días frenéticos: el viaje de ida, concertar las entrevistas en persona y, por último, volver a intentar obtener la versión del cirujano, que la rechazó estando en Madrid. Una vez allí, volvimos a pedirle que participara y volvió a declinarlo. Lo que hicimos para conocer el funcionamiento fue hacernos pasar por una paciente interesada en una operación de pecho y entrar a la consulta.

Lo primero que me llamó la atención fue el marketing (o, como a mí me gusta decirlo, el autobombo que se daba). Una pantalla gigante en la sala de espera con la noticia en bucle de esta operación de reasignación de sexo y su entrevista completa realizada por Broncano.

Lo segundo que me llamó la atención fue que, nada más entrar y sin hablar de lo que yo quería hacerme, lo primero que me pidió fue que me quitase la parte de arriba y me fotografiaron el pecho. Algo que no me hizo ni puta gracia, la verdad.

Yo tengo una ligera malformación en el pezón derecho (por favor, qué puta vergüenza y qué necesidad de contar esto… pero es que en este contexto es necesaria, porque con esa basura me intentaron ridiculizar en el juicio), que se llama pezón hendido.

Esa era mi consulta: quería que me revirtiese el pezón y me lo pusiese bonito, porque no consideraba que me faltase tanto pecho. Una talla 85 para una chica de 55 kg y 1,60 m no me parece desproporcionado. Pero en cuanto me vio, él ya tenía su proyecto Frankenstein en la cabeza:

—"Te quito grasa del culo, de la cartuchera, y te lo pongo en el pecho, y te lo elevamos porque lo tienes caído. Y lo del pezón, no te preocupes, que no se nota".

De repente, había pasado a estar plana, gorda, pero a la vez, de estar plana, a tener el pecho caído… Y os lo aseguro: no tengo el pecho caído. Es muy complicado que una talla 85 de pecho se caiga con 32 años.

Lo mejor para la autoestima en mucho tiempo

La cuestión es que salimos de allí, y al llevar muchas horas con el chico cámara, se tuvo que volver a Madrid. A mí me realizaron un relevo: llegó otro cámara de Valencia, se le citó en la puerta de la clínica y, por un fallo de comunicación, el chico subió, entró en la clínica y allí dejó su trípode, su cámara y todo. Cuando lo vieron en la clínica, obviamente lo echaron como a un perro y le dijeron que ya nos habían dicho que no querían dar declaraciones.

Con la información (y humillación) de mi consulta y con la llegada de mi nuevo compañero cámara, hice mi falso directo, y el programa se emitió.

Meses después, teníamos una demanda: tanto el canal como la productora en la que yo trabajaba, y yo estaba reclamada a declarar en el juicio como testigo. Donde, curiosamente, la abogada defensora era la madre del acusado. Lo que no haga una madre por su niño...

Allí había más periodistas, porque hubo varios programas donde nos hicimos eco de las denuncias que acumulaba este cirujano, y estábamos mezclados con las "víctimas", esperando hasta que nos tocase declarar.

Una vez dentro, no pude flipar más con las preguntas de la madre:

—¿Por qué se hizo ese tema y no otro?

—¿Quién decidía que ese tema era más importante o que ese cirujano era menos diligente que otro de toda España?

—¿Por qué no se le dio la oportunidad de participar?

—¿Era yo la clienta que había ido por un pezón hendido?

Todo esto, delante del fiscal, las abogadas del canal de televisión, de la productora, de la jueza y de todo quisqui. Ahora, todo quisqui sabía cómo tenía yo las tetas... Pero, siendo sincera, respondí a todo y creo que muy bien:

—Los temas y la relevancia los decide la dirección, no una reportera, que es una mandá de Dios.

—Se le dio la oportunidad de participar hasta en tres ocasiones, llegando incluso a echar al pobre cámara de televisión de su consulta.

—Todo lo que contamos estaba debidamente documentado con fotografías y con las denuncias de las afectadas correspondiente y no entrevistamos a más porque en dos días, no nos daba tiempo. Si no hubiéramos podido sacar hasta 10 personas. Además, casi una cincuentena de mujeres estaba organizando, según nos dijo el abogado, una denuncia conjunta.

La verdad es que la experiencia estuvo bastante chula, pero jamás me imaginé que terminaría sentada en un juicio como testigo por uno de los documentales "más banales" en los que había trabajado.

Cuando pasó, un compañero muy bueno en investigación me dijo que ahora sí se me podía considerar una periodista de investigación de verdad, porque había incomodado y me había estrenado. Que vendrían más.

Y mientras sea de testigo, oye, ni tan mal.

Capítulo 7: Lo malo de la tele

Cuando me señalaron por saber cosas que no sabía – El caso Biondo

No hay tanto salseo como podríais pensar por el título, aunque sí fue un proyecto de transición importante antes de llegar a lo que sería "el proyecto" definitivo. De este último no puedo dar nombres —la cláusula de confidencialidad ocupa unas 120 páginas—, pero eso no me impedirá contaros cómo lo viví.

Todo comenzó cuando empecé como redactora de investigación en una serie documental sobre la muerte de Mario Biondo, el cámara de televisión que fue pareja de Raquel Sánchez Silva (presentadora de Supervivientes, donde precisamente se conocieron). Era un "No True Crime", pues seguía la versión oficial que afirmaba que el joven se había suicidado.

Durante los tres meses que estuve en el proyecto, hablé con todos los forenses del caso. Estaban profundamente hastiados: por el desgaste profesional, por la presión constante y porque incluso se habían sentido acosados por la familia del fallecido, que no aceptaba la versión del suicidio y defendía la teoría de "la mano negra" en la resolución del caso.

Justo cuando trabajaba en esta serie documental, surgió una oportunidad increíble: un proyecto de varios meses lejos de casa, con un equipo enorme y una producción que merecía la pena vivir al menos una vez en la vida. Eso es todo lo que puedo decir por ahora —le dedicaré un capítulo entero más adelante.

Lo curioso fue cuando uno de los supuestos "criminólogos" (que luego resultó no serlo) que defendía la versión de la familia, publicó en redes que justo cuando yo estaba "muy cerca de encontrar algo relevante", me habían "enviado a otro proyecto". Como si existiera otra conspiración donde una simple redactora fuera la pieza clave para resolver un supuesto asesinato que nunca existió.

Aprovecho para decirte, Óscar, que nadie me apartó del caso por molesta ni porque fuera el Watergate de la investigación (ojalá fuera tan importante). Fui yo misma quien envió mi CV, me llamaron, y obviamente acepté un trabajo que pagaba el doble y ofrecía condiciones laborales que parecían sacadas de un sueño. Un proyecto en el que, por cierto, también iba a estar mi chico.

Lo malo de la tele, mi peor experiencia en TV o el mayor fracaso de mi vida

No puedo decir el nombre del programa, dónde era, cuándo fue, ni dar detalles que permitan identificarlo. Pero sí puedo contar cómo me sentí, y como eso no me lo puede quitar nadie, en eso me escudo. En mis experiencias y sentimientos más personales y subjetivos.

Era un trabajo en el que había que viajar, donde te pagaban alojamiento, comida, bebida y donde te permitía ahorrar muchísimo, porque además estaba bien pagado.

Un trabajo que te permitía estar el tiempo suficiente fuera de casa como para conocer otra cultura y un país.

Un trabajo que te permitía vivir uno de los proyectos televisivos más importantes en los que jamás había trabajado. Tanto por el tamaño del equipo que lo hacía posible como por la cantidad de dinero que movía. Uno de los formatos más conocidos de nuestro país.

Tampoco diré en qué país se grababa, pero sí diré que estaba lo suficientemente lejos de España como para tener a tus seres queridos en otro huso horario. Muy lejos.

Y diré que era la primera vez que yo trabajaba en un formato, así porque siempre me he limitado a hacer investigación y jamás entretenimiento. Esa fue mi primera vez. Quizás, también sea la última, aunque eso no lo sé. Que la vida da muchas vueltas.

Voy al grano. Mientras hacía el documental de la muerte de Mario Biondo, era el momento en el que se estaba formando el equipo para este nuevo proyecto. Un proyecto en el que la mayoría de los que trabajamos en televisión, siempre hemos querido hacer alguna vez en nuestra vida.

Esta experiencia se fraguó poco a poco, pero comenzó con una decisión tomada de manera impulsiva.

La persona con la que estaba, por quien sentía una profunda admiración (quizás a quien más he admirado nunca), ya había trabajado allí en muchas ocasiones.

A mí me parecía un auténtico hito, así que le animé a que me ayudara a hacer llegar mi CV.

Yo ya tenía 7 años de experiencia televisiva, y aunque no había hecho entretenimiento, tenía bastante calle. No me veía mal perfil, teniendo en cuenta que solían coger a personas más jóvenes que yo.

Envié mi CV, me llamaron y, para mi sorpresa mayúscula, me cogieron. Él, que en aquel momento tenía otro trabajo que no le gustaba mucho, recibió también la oferta para ir y aunque no estaba en sus planes porque lo consideraba una etapa pasada, decidió dar ese paso, venir conmigo y así no pasarnos cuatro meses a distancia y sin vernos.

No era la primera vez que hubiéramos estado separados, y a mí no me habría importado que fuera otra más. Él viajaba muchísimo, y esa era una de las razones por las que le admiraba. Ojalá yo hubiera conseguido eso viviendo del periodismo. La diferencia era que, si no se venía, sería la primera vez que estaríamos a distancia porque era yo la que me iba, no él. Algo que hubiera equilibrado la relación, pero que finalmente no ocurrió.

Ahora, con perspectiva, veo las cosas con más claridad. Su presencia allí no solo me influyó, sino que me lo puso todo más difícil y aunque en este capítulo, que es de lo malo de la tele, os iré adelantando algo, tengo reservado un capítulo entero para contar esta experiencia desde el punto de vista sentimental, porque tiene miga y es de las que más he aprendido nunca a base de pasarlo muy mal.

Cuando me llamaron, comuniqué en mi antiguo proyecto que había conseguido esta gran oportunidad y que tendría que terminar un poco antes. Lo comprendieron perfectamente. Me puse a preparar mi maleta, a comprarme la ropa necesaria para ese entorno, y seguía sin creerme la experiencia que iba a vivir.

Semanas antes de ir, incluso quedé con varias chicas que ya habían trabajado allí para que me dieran consejos. Chicas que, por cierto, me presentó mi pareja porque las conocía de haber coincidido con ellas en otras ediciones anteriores. Desde luego, por falta de ganas e ilusión, no iba a ser que yo no triunfase allí.

Mi pareja, al pertenecer a otro departamento, tuvo que viajar un mes antes que yo y conforme se iba acercando la fecha del estreno viajamos el resto del equipo al lugar de trabajo.

Al llegar, no daba crédito. El lugar, un equipo tan grande, tanta gente joven con tantas ganas e ilusión... Sobre todo, los que, como yo, era nuestra primera vez.

Se notaba la cantidad de dinero que había ahí metida, el despliegue de medios técnicos y la reputación del formato.

Rápidamente, los nuevos hicimos piña. Y con nuevos me refiero a los que era el primer año que íbamos.

Básicamente porque era complicado encajar con los que ya habían trabajado allí otros años. Todos se conocían entre ellos, y era difícil comprender la complicidad que habían creado. Tampoco es que intentaran integrarnos mucho, pero pensamos que con el tiempo se daría. Spoiler: no ocurrió.

Desde antes de llegar, todos los que empezábamos a trabajar allí estábamos advertidos: trabajar con la persona que dirigía el proyecto era particularmente difícil.

Era muy exigente, tenía tendencia a humillar al equipo en público y era complicado lidiar con él porque tenía la capacidad de destrozar psicológicamente a la gente. Yo pensé que exageraban. Que todos somos personas, y que al final es cuestión de saber llevar a ese ser o a cualquier otro en cuestión. Dar con la tecla. Y si hay presión desde arriba, es normal querer sacar lo mejor del equipo porque la presión siempre es vertical y va de arriba a abajo.

Todavía recuerdo las primeras horas al llegar. Estaba emocionadísima y agotada por el largo viaje y el *jet lag*.

Lo primero que hice fue buscar a mi chico. Llevaba un mes sin verle, y me moría por abrazarle. Cuando nos encontramos, el abrazo no fue tan efusivo como yo hubiera querido, pero allí estaba. Con él. En un "proyectazo".

Yo necesitaba descansar urgentemente, pero nos llevaron a una reunión con todo el equipo para explicarnos el funcionamiento y darnos consejos médicos por tema de salud laboral.

Al día siguiente, hicieron un training: un día de trabajo simulado para que, cuando empezara el programa, supiéramos la metodología. Fue de agradecer, porque así los nuevos podíamos hacernos una idea de qué se esperaba de nosotros.

Dependiendo del departamento (realización, producción o contenido), las funciones variaban. Yo era parte del equipo de contenido.

Había dos localizaciones principales: el campamento base (donde el equipo descansaba, comía, se iba de fiesta, etc.) y el lugar de trabajo principal, mucho más apartado y remoto.

Por la mañana, nos desplazábamos del hotel al lugar de trabajo más remoto. Del campamento base, a donde estaba la mandanga.

Había dos métodos de transporte: el VIP (solo unas pocas plazas, 10 minutos de viaje, reservado para dirección, presentador, o gente con mucha carga de trabajo) y el transporte convencional (media hora de viaje, menos cómodo y, dependiendo del clima, hasta peligroso).

En el lugar de trabajo, el equipo de contenido (junto a cámaras y sonidistas) grababa sin parar lo que ocurría.

Trabajábamos en dúos (redactor y cámara) o tríos (con sonidista). Si había sonidista, llevábamos pértiga, lo que hacía más difícil moverse, pero mejoraba la calidad del sonido y por ende, la calidad del material grabado.

Lo primero que nos dijeron, fue que redactor y cámara debíamos tener tal complicidad que no fuera necesario ni hablarnos.

No se podía interferir en las grabaciones. El equipo debía ser lo más invisible posible. Cada redactor tendría su cámara asignada durante todo el programa. Precisamente para crear esta complicidad.

Había hasta dos reuniones al día: por la mañana y a distancia (para que el equipo que se encontraba en el hotel supiera qué estaba ocurriendo en el lugar de trabajo) y por la tarde y presencial. Esta última reunión se hacía al volver al hotel: nos reuníamos en una sala con unas 20 personas para contar lo que habíamos grabado desde la última reunión que habíamos tenido.

A veces te daba tiempo a ducharte; otras, llegabas con el sudor resecado. Los editores y guionistas trabajaban luego con ese material para preparar el contenido que se emitiría después.

Mi calvario comenzó cuando mi primer cámara se lesionó y tuvo que abandonar el programa.

Me asignaron a otra persona, y luego a otra, y luego a otra... Tuve que adaptarme a cada uno sin tiempo para crear complicidad. En un formato donde nunca había trabajado (entretenimiento), donde no podía hablar, y con una persona diferente cada día.

Era durísimo.

Por norma general, había 4 equipos. Dos de ellos llevaban sonido, es decir, pértiga, y otros dos, no. Solo el que tenía la cámara incorporada, que era de peor calidad. Y si no llevabas pértiga, tampoco eras portavoz en las reuniones de la mañana, que eran las más importantes.

En estas reuniones había una especie de portavoz para agilizar el proceso y, mientras esta persona contaba lo que había ido ocurriendo en la reunión, la otra seguía grabando con el cámara fuera.

Una especie de líder que coincidía con que era un redactor que sí llevaba pértiga y que había trabajado más años allí. Dirección prefería que el contenido más relevante lo grabaran personas con experiencia.

Esto implicaba que rara vez hacías la reunión como portavoz, donde no solo contabas lo que habías grabado tú, sino lo de tus compañeros.

No podías defender tu propio material; tenía que hacerlo otro. Si esa persona era legal, lo defendía como suyo. Pero no todos lo hacían. Había dos en concreto que no lo hacían. No tenían tiempo para que les contaras lo que habías grabado. O eso decían porque para el cachondeo en los descansos sí que tenían tiempo.

Al ir siempre en equipos pequeños, nos tocaba grabar «los marrones»: todo lo que tenía movimiento (lo que implicaba situaciones difíciles, porque era más fácil que se movieran 2 personas que 3), lo irrelevante, y básicamente, la mierda.

Si entre eso encontrabas algo bueno, suerte la tuya, pero no era lo habitual. Terminabas exhausto y con un material que, al final, no era el mejor.

Para colmo, esas mismas dos personas que llevaban la pértiga y hacían las reuniones también disfrutaban de los descansos más largos. Mientras ellas estaban reunidas, tú tenías que seguir grabando. "Ay, se alargó la reunión», «teníamos que coordinar esto o lo otro" ... Podían pasar 45 minutos mientras nosotros seguíamos grabando sin parar al sol pelao. Y a mí me jodía, oye, pero estoy segura de que jodía aún más a cada uno de la casi decena de cámaras con la que terminé trabajando.

Con el transporte VIP, lo mismo. Los que llevaban más años, curiosamente lo usaban mucho más que los nuevos.

Así lo decidían desde arriba.

Así era. Siempre había sido así.

Todos habían "comido mierda", y eso era lo que nos tocaba a los nuevos si queríamos hacer méritos para repetir experiencia el año siguiente.

Comer mierda hasta que repitieras en otras temporadas y se te empezara a respetar como a buen veterano y pudieras disfrutar de ciertos privilegios (yo prefiero llamarlo dignidad)

Íbamos tirando. Pero las semanas pasaban, y el favoritismo era cada vez más descarado.

Además, a lo largo de la semana, había días donde, por motivos X, las dinámicas se alargaban y hacían que el trabajo durase 2-3 horas más.

Casualmente, estas 2-3 horas extra siempre recaían en los mismos redactores. Yo era una de esas personas. Si un día normal ya trabajabas alrededor de 10 horas, el día que ocurría esto podían ser fácilmente 12 o 13... y lo que te sobraba, para ducharte, comer y dormir. No había más día.

En mi caso, además, pasé por más de 9 cámaras diferentes durante el proyecto, mientras que mis compañeros estuvieron siempre con la misma persona, salvo excepciones puntuales.

Y eso no era lo peor. En las reuniones, tenías que aguantar cómo el director te humillaba delante de todos: ponía caras de desdén, te invalidaba, te ignoraba conscientemente o, si le tocabas mucho las narices, te humillaba directamente.

Lo curioso era que decían que ese año estaba más "relajado". Que no nos quejáramos, porque podía ser mucho peor. Que no teníamos ni idea de lo que se había vivido allí en otras ediciones. Así de normalizado tenían esos comportamientos, que ya solo se me ocurre describirlos como un abuso en toda regla.

Además, a pesar del trato denigrante que esta persona daba a muchos trabajadores, lo tenían idealizado porque decían que era un excelente jefe, que tenía muchísima idea, que era brillante y que sabía muchísimo. Oye, yo prefiero tener un jefe menos listo, y menos brillante, pero que no rompa a la gente psicológicamente.

Llamadme rara, pero soy de la opinión de que la gente, cuanto mejor tratada se siente, más da de sí, y esto al final suele ser bueno para tu formato. Diferentes maneras de ver la vida.

Las reuniones eran una especie de coliseo romano donde se realizaban las ejecuciones y o salías indemne o se te ejecutaba de manera pública. Así era.

Para los nuevos esto era horrible. Tenía un compañero en concreto, maravillo, super currante, que era entrar a contar lo que había ocurrido y el pobre empezaba directamente a tartamudear.

Ese era el nivel.

Pero para mí, lo peor era la sensación de exclusión. A las dos semanas de llegar, una chica veterana y de mi departamento organizó una fiesta de bienvenida. Al parecer, todo el mundo estaba invitado. O todos menos los nuevos.

La fiesta era enfrente de donde yo dormía y compartía vivienda con mi pareja, por lo que vi como todo el mundo iba acercándose, como se oía la música a toda pastilla desde mi cama y como nadie nos había invitado.

Quizás era mi antigua herida de *bullying*, pero eso me dolió más que cualquier otra cosa.

El miedo al rechazo, a que no te quieran, a no encajar... Y mi peor miedo se terminó haciendo realidad.

Más adelante comprendería que lo que al principio podía parecer simple invisibilidad era realmente *mobbing*, y que, a pesar de ser vox populi que lo estaba pasando mal allí, nadie de mi departamento —excepto los compañeros nuevos como yo— me preguntó nunca: "Oye, Luz, ¿tú cómo estás?".

No os imagináis cuánto me hubiera ayudado esa pregunta. Solo esa pregunta.

Esto no ocurrió de un día para otro. Recuerdo que, después de esa fiesta, empecé a notar que no nos trataban igual. Me sentía decaída.

Además, estaba preocupada por otros motivos como mi salud: con el transporte no VIP, que era el que más utilizaba yo, los saltos eran brutales, y yo había sido operada de una conización (un corte en el cuello del útero para evitar que un posible cáncer se extendiera) tres meses antes.

Esos botes hacían que me muriera del miedo, porque me dolía el puñetero cuello del útero y no tenía revisiones pendientes hasta que no volviera a España meses después.

A eso se le sumaba que tenía sangrados intermenstruales y que, además, había bastante humedad en mi puesto de trabajo, lo cual favorecía la proliferación de cualquier infección de hongos o bacterias.

Recuerdo precisamente que, por miedo al ver este sangrado y por mis antecedentes, se lo dije al médico de la empresa y me querían dar la baja durante 2 semanas. Algo a lo que me negué en rotundo porque yo necesitaba demostrar que estaba allí porque lo merecía y lo valía.

Esto fue cuando aún llevaba poquito tiempo allí. Puede que solo un mes, pero ya veía dinámicas que no eran sanas, por lo que decidí trasladar mi preocupación a parte del equipo directivo y pedí una reunión con una persona de este departamento.

Le comenté mi miedo por la falta de compañerismo y en medio de la reunión, terminé contándole mi miedo por la conización. Esta persona se emocionó; conocía la patología a la perfección. Sentí empatía por primera vez en ese programa. Pero se secó las lágrimas y siguió escuchando para concluir que me centrara en el trabajo.

Y eso intenté. Centrarme en adaptarme a cada cámara, en hacer reuniones claras, en grabar bien, en tener material suficiente... Y en mi pareja. Era lo más preciado que tenía allí. No quería que verme mal, débil o afectada, influyera en nuestra relación, que yo entonces consideraba idílica.

Quería demostrarle que su pareja, como él, también estaba a la altura. Qué losa tan absurda me puse.

El día que todo se torció fue cuando mis compañeros veteranos me dijeron que no propusiera cierto contenido como relevante en una reunión porque al director, no le iba a gustar y era posible incluso que me metiera en un lío si proponía algo que era considerado irrelevante.

Pensé que el director no podía ser tan malo como lo pintaban, pero a pesar de todo, les hice caso.

No lo propuse en la reunión de contenido, pero cuando el director empezó a echarnos un rapapolvo porque no le gustaba nada de lo que le presentamos, no pude evitar quedarme callada.

Lo peor no fue que hablase, sino como lo dije. Dije que, "yo quería proponer algo, pero mis compañeros me han dicho que mejor que no y ellos llevan más años viniendo aquí, así que les he hecho caso, pero si tan poco material hay, a lo mejor esto nos vale".

Cuando dije esto, me cavé mi propia tumba porque los compañeros lo interpretaron como una traición o una forma de tratar de exponerlos a ellos. Nada más lejos de la realidad. Quise ponerlos en valor. Quise hacer ver que los respetaba. Quise que no nos comiéramos una bronca y poder rascar algo de contenido, pero con semejante ogro por dirección, obviamente eso era ponerles a ellos una diana.

A partir de ahí, ellos dejaron de confiar en mí. Todos menos los que como yo, llegamos ese primer año de nuevas.

Ellos sí entendieron que simplemente había cometido un error sin ningún tipo de malicia.

Como era de esperar, lo que para mí estaba bien, para el director resultó ser una mierda, como ya me habían advertido mis compañeros con más experiencia.

Me humilló en público porque, además, estábamos terminando la reunión, estaban levantados todos casi saliendo por la puerta e hizo que todos volvieran para escucharme.

Después de hacer eso, me humilló y me dijo delante de todos, que eso no valía para nada

Al salir, estaba hecha polvo. Me preocupaba más haber cabreado a todos que la humillación pública y estaba totalmente destrozada y muy preocupada.

Lo primero que hice fue escribirle a mi chico por WhatsApp contándole por encima lo que había pasado. Me contestó y me dijo que no me preocupara, que me propondría un plan para distraerme y en ese momento me sentí la persona más cuidada del mundo.

Pensaba que menos mal que lo tenía a él y que ya se podía caer el mundo a mi alrededor si él estaba a mi lado apoyándome.

El plan para distraerme era jugar a juegos de mesa con gente de su departamento. Durante una media hora pude no pensar en lo ocurrido. Pero al final, cuando trabajas en el mismo lugar en el que convives, los temas de conversación terminan desembocando todos al trabajo y salió el tema de dirección.

Al acordarme me entraron ganas de llorar y para evitar el bochorno delante de toda esa gente, le dije a mi chico que necesitaba irme.

Su respuesta, casi sin mirarme mientras seguía jugando a los juegos de mesa fue: "Muy bien, que descanses, guapa". Ilusa de mí: esperaba que me dijera: "Vale, me voy contigo y me cuentas qué ha pasado. Si necesitas un abrazo, aquí estoy".

Nada de eso ocurrió. Fue la primera vez que fui consciente de que quizás estaba más sola de lo que pensaba. Todos creían que con él estaba arropada, pero no era así.

A mitad del proyecto, pedí una reunión para que los jefes me dieran *feedback*. También para preguntar por el transporte para una excursión que tenía al día siguiente.

Lejos de ser una reunión enriquecedora que me ayudara a mejorar, aquello me destrozó. Años después, aquellas palabras todavía resuenan en mi cabeza:

"Sois el mayor error profesional de toda nuestra vida. Y no lo decimos solo por ti, sino por todos los nuevos de este año".

"¿No te das cuenta de que no emitimos nada de lo que grabas? ¿No te has preguntado por qué?".

Les dije que, sin sonido, era normal que el contenido de otros fuera mejor, y que entendía que, efectivamente, por eso mi material apenas se emitía. "Seguro que el de mis compañeros es mejor", pensaba.

Me acusaron de no tener autocrítica, de no preguntar a los editores cómo estaba mi trabajo, de ser una prepotente sin capacidad de reflexión... Y entonces, me soltaron la frase que aún me quema:

"Hasta tu pobre novio tiene que...".

No terminaron la frase. Nunca supe a qué se referían. Pero me dolió. Fue un golpe bajísimo.

Yo no daba crédito a lo que estaba ocurriendo en esa sala. Una reunión que había pedido yo, lo cual demostraba que me interesaba mejorar, aprender y hacer bien mi trabajo, de repente servía para enterarme de que a los ojos de mis jefes era la peor trabajadora de la edición.

Que era un auténtico desastre.

Me propusieron cambiar de puesto. Uno que, si me lo hubieran ofrecido al principio, jamás habría aceptado.

Era una humillación: un nivel más bajo, un puesto que había dejado de hacer porque había subido de categoría hacía cinco años. Me dijeron que lo reflexionara y les comunicara mi decisión, para que mi trabajo lo hiciera otro profesional —a su juicio— más preparado que yo.

Nunca acepté.

Les pregunté: "¿Entonces soy un caso perdido? ¿No hay nada que pueda mejorar?". Silencio.

Nos levantamos. ¿Les di las gracias? Sí. Se las di.

Al salir, esta persona tuvo la desfachatez de tocarme la cabeza como a un perro y decirme: "Puede que no seas muy inteligente, pero eres buena persona".

Ahí ya sí que es verdad que yo no entendía una mierda. ¿De qué cojones iba? Si tan mala era, ¿Por qué narices no me había convocado él y había asumido su responsabilidad de director para echarme como ya había ocurrido en ediciones anteriores? Jamás entenderé qué pretendía, pero a mí me destrozó aquello por completo.

Se lo conté a mi chico que tampoco daba crédito "¿Eso te ha dicho?".

Sentía que me moría. Fui a hablar con edición. Se quedaron alucinados: "Hoy esta pieza es todo de tu material así que sí utilizamos lo que grabas. No entendemos por qué te ha dicho eso".

Yo tampoco entendía nada.

Tras esa reunión con dirección, empezaron a emitir casi todo lo que yo grababa. No entendía nada. Mi manera de trabajar era la misma.

Cuando salí del shock, tuve claro que no era responsabilidad mía mantenerme o no trabajando en mi puesto y si no querían que siguiera y si tan mala trabajadora era, también era responsabilidad de ellos el despedirme y no humillarme en una reunión que no habían pedido ellos.

No me dieron ni la más mínima indicación hasta que yo misma pedí feedback, y no entiendo cómo, si alguien hace tan mal su trabajo, no te lo hacen ver y aprovechan para machacarte de esa manera.

Fue una auténtica carnicería lo que hicieron conmigo en esa media hora de reunión.

Cuando faltaba un mes para volvernos definitivamente a España, otro cámara mío se lesionó. Y otra vez lo mismo... ¿Con cuántas personas más pasaría este mes que me quedaba allí?

Todo terminó con una anécdota: me hice una camiseta tipo festival con la lista de cámaras con los que había trabajado y los "artistas por confirmar" que me quedaban.

"La Viuda Negra Fest". Al equipo le pareció divertido; a la dirección, un ataque directo y así me lo hizo saber el director en una fiesta (a la que esta vez sí estaba invitada).

"En mi equipo no hay viudas negras y que sepas que te perjudica más de lo que te beneficia ponerte eso".

Yo me quedé estupefacta y mi respuesta fue decirle que no se enfadara, que además de ser un regalo de mi chico, el humor era el único bálsamo que yo tenía allí y que no podían negar que mi suerte había sido pésima.

Unos minutos después, el director volvió para disculparse y decirme "que no quería estar mal conmigo". De verdad que aquello era cada vez más surrealista.

Conforme iban pasando los días de la producción, la gente iba terminando sus contratos y cada vez quedaban menos novatos y yo me iba quedando cada vez más sola porque mi contrato, duraba hasta el final de los finales.

Mientras terminó la producción, tuve otros tres cámaras más hasta el final.

El último día de trabajo tuve un ataque de ansiedad. Me sacaron de allí en transporte VIP (esta vez sí, por recomendación sanitaria) y me llevaron al hotel.

Cuando faltaba una semana para volver a España, me dijeron que no grabaría más. Esas grabaciones finales se las reservaban para los veteranos.

Me quedé sin ver cómo terminaba el proyecto. El médico me recomendó tomar un antidepresivo. Quedaban siete días para volver a España, así que no quería. Aguanté y dije que no.

Hubo una reunión de despedida. El objetivo era que todos dijéramos lo que había significado para nosotros la experiencia. Mientras mis compañeros lloraban emocionados por la alegría y felicidad, diciendo que éramos una familia, que era la mejor experiencia de sus vidas... cuando me tocó hablar, dije: "Para mí ha sido la peor experiencia profesional televisiva de toda mi vida. Todavía no sé qué me llevo de esto, qué he aprendido o para qué me servirá. Tendré que reflexionar mucho". La respuesta del jefe fue: "Al menos has aguantado".

Parecía que mis compañeros y yo habíamos estado en proyectos diferentes y cuando conté eso en la reunión... más indiferencia por parte de todos.

En el aeropuerto, me acerqué a despedirme de los jefes y darles las gracias. Me dijeron que ya tomaríamos un café para hablar de lo aprendido. Que con el tiempo lo vería.

Conclusión:

Esta experiencia es el verdadero motivo que me llevó a escribir este libro.

Porque nadie debería vivir algo así y sentirse sin un ápice de apoyo. Nadie debería sentirse un caso perdido, una inútil de manual, cuando no estamos salvando vidas, sino simplemente entreteniendo.

En televisión no somos nadie, y con la comunicación se solucionan la mayoría de los problemas. Una comunicación que yo jamás encontré.

Pedí ayuda de todas las maneras posibles. Di lo mejor de mí. Me esforcé todo lo que pude. Pero no bastó. Estuve a punto de abandonar, pero al final no lo hice porque mi chico me lo pidió. Porque no quería que esta situación afectara también nuestra relación. Y qué tonta fui. No sabía que la factura ya se estaba cobrando desde muchos meses antes, sin que yo me diera cuenta.

Aunque ha pasado tiempo, todavía me duele.

Siempre será una espinita clavada: cómo lo que podría haber sido la oportunidad de mi vida, el proyecto por el que todo el mundo se mata por hacer alguna vez en televisión, un formato que es un auténtico hito y que prácticamente todo el mundo conoce, se convirtió en el mayor infierno profesional y personal que he vivido nunca. Y mira que he vivido cosas…

Hoy en día, la enseñanza se va haciendo cada vez más nítida. Hay que cuidarse y **si en los sitios en los que estás no te tratan bien, hay que hacerse responsable de uno mismo y aprender a irse** en lugar de instalarse en el papel de víctima.

Cuando volvimos allí, de vuelta a España, comencé a hacer terapia por el trauma. Comencé una terapia de EMDR si no recuerdo mal la técnica, porque según me dijo mi psicóloga, había experimentado un síndrome de estrés postraumático complejo tras meses aguantando lo inaguantable y sin prácticamente nadie para sostenerme.

Cuando digo prácticamente nadie, me gustaría hacer hincapié que, a pesar de sentirme sola la mayor parte de tiempo, conocí a dos apoyos fundamentales allí y no suelo usar nombres reales en el libro, pero en esa ocasión sí me gustaría hacerlo. Carlos y Marina. Gracias por ser auténticos oasis para mí. Por aparecer cuando pensé que no había nadie.

Siempre, hasta en los rincones más oscuros, puede encontrarse un poquito de Luz.

También aprendí que mi relación no era lo que yo creía. Pero eso lo dejo para el otro capítulo. Para el más doloroso con permiso de este.

Inestabilidad laboral: La otra cara negativa de la Tele

Además de esa experiencia televisiva, que me dejó hecha polvo, con la seguridad en mí misma por los suelos y preguntándome si realmente merecía la pena dedicarme a vivir de la televisión, hay más aristas en este mundo con las que lidiamos día a día quienes nos dedicamos a ello.

Estas aristas —inconvenientes, hándicaps— son, sobre todo, la temporalidad: trabajar por proyectos, depender de las audiencias y de las decisiones de unos pocos a quienes no conoces, que no saben quién eres, qué haces, cómo te involucras ni cómo moldeas tu vida para que una industria que los enriquece funcione.

Mis padres siempre me decían que, si no quería ser temporera y trabajar como ellos —por temporadas, en el campo, durante la campaña de la aceituna—, estudiara. Que no dejara de estudiar para tener una vida mejor que la suya. Y es curioso que haya terminado siendo temporera también. Pero así es la vida.

Mucha gente del sector es lo que peor lleva: esta incertidumbre. El no saber si te van a renovar o no de cara al verano para poder reservar un vuelo y unas semanas de vacaciones, o el esperar porque precisamente en los meses de vacaciones es donde más vacantes de trabajo surgen.

Es una vida muy estresante, a la que puedes terminar acostumbrándote, pero termina haciéndote mella. Todos en este mundillo tenemos nuestras taras. Ese masoquismo que dulcificamos llamándolo pasión. Muchos aguantamos. Otros se retiran a prepararse una oposición en busca del equilibrio mental que esta profesión no nos dará nunca. Pero es que eso es lo bonito también. El no saber cómo va a ser tu vida en las próximas semanas o meses. No hay nada que desequilibre más, pero tampoco hay nada que estimule más.

Y muchas veces es una profesión muy desagradecida

Han sido muchas las veces en las que trabajando más o menos estable en un programa donde la audiencia iba relativamente bien, por motivos que se escapan a la gente que nos encontramos más abajo, deciden cargarse un programa en el que llevas meses o años, de la noche a la mañana, y de repente te ves en el paro.

Tiene que gustarte mucho este mundo para soportar esos vaivenes que tiene la profesión y, dentro de lo que cabe, yo tengo mucha suerte.

Cuando uno de estos vaivenes me llega de la nada, siempre tengo mi plan B: la enfermería.

Recuerdo que cuando el COVID ya iba terminando, después de casi dos años trabajando tanto de enfermera como de periodista, cancelaron de la noche a la mañana el programa en el que estaba. Un mes antes, yo había pedido una reducción de jornada en el hospital para no morir con tanto exceso de trabajo, y cuando me la concedieron, reduciéndomela a la mitad, me echaron de este programa porque, simplemente, se lo fumaron.

De un día para otro había pasado de tener dos jornadas completas a tener solo media jornada de enfermera.

Increíble, pero así es mi vida. E insisto: tengo la suerte de tener la enfermería, porque si no, tendría que ponerme a tirar de agenda, activar quedadas para cervezas, enviar CV a gente con la que hace meses que no hablo (porque esto funciona así) y activar todas las alertas para que cuando se inicie cualquier otro proyecto en la tele, me llamen.

Qué pereza. Pero si quieres seguir, es la que hay. Es necesario.

Esta etapa, que fue en 2021 (pero que se había repetido en 2019 cuando redujeron el presupuesto de Punto de mira, y que volvió a pasar en 2022 cuando, por entrevistar a Villarejo, se cargaron Es Todo es Verdad, o eso intuimos en el equipo), hizo que tuviera más tiempo libre del habitual.

Todavía había restricciones por el COVID. Yo no tenía pareja, y fue una época en la que recuerdo estar literalmente viendo pasar las horas muertas en casa, preguntándome si valía la pena volver a la tele, mientras reventaba Tinder. Aburrida.

Aburrida, pero entreteniéndome de vez en cuando. Y de ahí surge mi próximo episodio...

Capítulo 8: El amor en tiempos de Tinder

Pido encarecidamente a mis padres que este capítulo se lo salten. No quiero que me deshereden.

Yo en Tinder me lo he pasado muy bien. Hay quien critica la aplicación como si no hubiese un mañana, dice que todos van a lo mismo, que son unos guarros, que todos tienen taras... y, grosso modo, es verdad. Pero lo cierto es que, de la misma manera en la que en el cole unos estábamos al final de la cadena trófica, yo en esta app me he sentido siempre bastante arriba. En el top. El eslabón más fuerte. Una mastodonte, pantera, titán, fiera, crack, máquina. Como lo quieras llamar, pero el resumen es que en Tinder me lo he pasado de puta madre.

Y luego, algo que yo pienso es que, al igual que en la vida misma, en Tinder (y en las mil apps de citas que hay) hay de todo y es que no deja de ser un reflejo de lo que somos como sociedad: gente guapa, gente fea, gente buena, gente mala, gente divertida, gente sosa, gente intensa, gente pasota... de todo. Y lo guay es saber ver lo mejor de cada uno de ellos si se tiene la suficiente curiosidad y las utilizas en condiciones y con cabeza.

En este tipo de aplicaciones puedes ver, con un simple chiste, si la persona te sigue el rollo o si es un sosaina y no va contigo. Y, sobre todo, te puede salir un plan en menos que canta un gallo y conocerlo previamente sin llevarte la sorpresa de que después no te guste físicamente. ¿Qué puede ser algo superficial? Sí. ¿Qué me resulta útil? También.

Además, gracias a esta aplicación yo he conocido a gente con la que, de otra manera, no me habría relacionado jamás… Os pongo varios ejemplos: un camionero, un conductor de la EMT, varios militares, un electricista, entrenadores personales, policías, profesores… y así un largo etcétera que me han sacado tanto del hospital como del mundo de los medios de comunicación.

Puede ser que te la intenten meter doblada y después la foto no se corresponda con la realidad, pero yo tengo muy claro lo que me gusta. Si es moreno con ojos claros o, en contraposición, si tiene una boca enorme, sé que me va a gustar, así que no hay fallo. Opto por uno de estos dos perfiles, y si hay *feeling,* quedo con ellos, y lo que me suele pasar es que en persona me parecen bastante más guapos. Siempre. Y como encima sean graciosos… pues ya tenemos affaire.

Pero vamos al salseo que al final es siempre lo más entretenido…

Yo llegué a esta aplicación después de mi ruptura con Pablo, uno de los novios más decentes que he tenido hasta la fecha. De los más guapos, si no el que más. Y el más listo también. Una pena que fuésemos agua y aceite y no cuajase, porque de no ser por eso, estoy convencida de que aún seguiríamos juntos.

La cuestión es que, justo antes de la pandemia, a finales de 2019, y con mi relación recién acabada, yo decidí instalarme esta app y darle una alegría a mi cuerpo. Porque de sobra es conocido que cuando una relación se deteriora, el sexo es de lo primero que empieza a flojear, y ¿para qué quería yo el novio más guapo del planeta si, con 29 años, apenas podía tocarlo?

El primer match: El Sargento de Vox

Con todas esas ganas aterricé en la app, y la primera persona con la que hice match fue Iván. Prototipo de boca grande. Fuertote y simpático. Constante como él solo y bastante insistente. Luego comprendí que había pagado Tinder Premium, y lógico, si te gastas el dinero, quieres resultados. Otra conclusión a la que llegué es que yo era premium. O que la gente pagaba por hablar conmigo… un poco prostitución sin ver yo un duro, pero bueno. Un producto. Un caramelito. Eso parece que soy según estas apps.

La cuestión es que quedamos un primer día, terminé dejándolo colgado y volvimos a programar la cita. En esta primera ocasión fue un encuentro muy normal. Un par de cervezas, una conversación liviana y un besito de despedida. Besaba bastante bien, y aunque personalmente no me pareció el más guapo del planeta, ni tuvimos un *feeling* de la hostia, tampoco tenía nada mejor que hacer. Así que, cuando me propuso repetir, le dije que sí.

Fue en esta segunda cita cuando la cosa empezó a prometer (descarrilar). Me dijo que votaba a Vox, presumió de haber robado un coche en su adolescencia, además de haber estado en un colegio reformatorio, y solo con eso ya me di cuenta de que teníamos poco o nada en común. Pero el alcohol hizo que nos relajásemos y nos termináesemos acostando, y aquí vino el error mayúsculo. Nunca había tenido esa complicidad con nadie en la cama. Jamás. Parecía que nos conocíamos de toda la vida. No debí notar esa química yo sola porque, por la mañana, lo primero que me dijo con un tono tan solemne que me pareció ridículo en una segunda cita fue que no vivía en Madrid, como me había dicho en un principio, sino en Zaragoza.

Ahí me di cuenta de que el día que lo dejé tirado, se había dado un paseíto en tren para volver por donde había venido. Qué romántico el chico, pero ¿por qué mentir con esa tontería? No lo sé. No le di más vueltas, si total, esta persona y yo no teníamos nada que hacer salvo, quizás, de vez en cuando volver a quedar para un sexo de locos. Le dije que no me importaba y que sentía haberle cancelado con tan poca antelación, y que, de haberlo sabido, no lo hubiera hecho para evitarle un viaje de ida y vuelta a Zaragoza.

Esa fue su primera confesión. La segunda, que en junio del 2020 se iba a Irak de misión. Yo me sentía en medio de una película mala de fin de semana de Antena 3, cuando alguien se despide trágicamente de su amada porque se va a la guerra. Pero yo no era su amada porque lo conocía de literalmente unas horas, y tampoco me parecía trágica una experiencia laboral en el extranjero que él había elegido. Así que lo flipé en colores. Solo podía pensar: ¿Y a mí qué me importa? A saber, dónde estamos en noviembre…

Así que respondí:

—Ahhh, vale. Qué guay, ¿no? ¿Te apetece?

Y él me dijo:

—Te lo digo porque no nos podremos ver entonces y nos tendremos que separar…

A lo cual ya no pude aguantar y, con una carcajada, le respondí:

—Pero Iván, a saber, dónde narices estamos mañana, ¡cuánto más en siete meses!

En ese momento lo vi contrariado, pero pareció entender que yo no me veía en un futuro con él.

Los fines de semana siguientes se fue repitiendo la misma mecánica:

—Oye, Luz, ¿qué haces este finde? ¿Quieres que nos veamos cuando venga de Zaragoza?

Y yo le decía:

—Pues no sé si podré, lo vamos viendo.

Y lo veíamos. Y NOS veíamos. Vaya si nos veíamos. Todos los fines de semana sin perdonar uno. Cuando por cuarta o quinta vez le respondí "lo vamos viendo", Iván se descojonó y, con sorna, me dijo:

—Vale, vale, lo vamos viendo, fea.

Era obvio que nos íbamos a ver y ahí me di cuenta de que, con la tontería, llevábamos tres meses quedando sin perdonar ni un fin de semana. Me parecía muchísimo que algo tan casual se hubiera alargado tanto.

Los fines de semana con él tenían algo que no había vivido nunca. Era un friki de los motores y de la mecánica, y tenía su propio coche tuneado. Cuando le picaba el gusanillo, se lo llevaba al circuito del Jarama a echarse unas carrerillas. Así que un fin de semana me invitó a ir con él.

Tuvimos que ponernos dentro del coche un casco enorme, como los pilotos, y recuerdo que, al intentar grabarlo, el brazo se me iba hacia fuera por la... ¿Fuerza centrífuga? ¿O es centrípeta? La cuestión es que me sentía como una adolescente, pero en vez de tener 15 o 16 años, tenía 30. Una adolescencia tardía era lo que estaba viviendo con este chico. A 240 km/h me puso.

Recuerdo bajar del coche con una bajada de tensión terrible, porque aún no sabía cómo había dado lugar yo a aquello, y me encontré con su hermano preguntándome:

—¿Qué, te ha gustado?

A lo que yo respondí:

—Pues la verdad es que necesito asimilarlo todavía para saber si sí o sí no.

Y hoy en día, cinco años después, creo que sí. Que me flipó.

Por cierto, este hermano terminó en prisión preventiva años después por haber sido relacionado con un famoso y jovencísimo hacker... Los cargos no los digo porque aún no hay sentencia firme.

Y aunque parezca mentira, la parte más intensa de esta historia con el militar de Vox estaba aún por llegar.

Cuando llegó la pandemia, estando él en Zaragoza y yo en Madrid, muy pendiente de las necesidades de los hospitales, él decidió saltarse el confinamiento, moverse de provincia, de comunidad autónoma, y, de la misma forma, decidió instalarse en mi piso. Mes y pico se pasó dentro conmigo.

Yo comencé teletrabajando de periodista, pero me sentía poco útil, y enseguida eché CV a distintos hospitales para ver si había manera de compaginar las dos cosas. Si en algún sitio me aceptaban en turno de tarde, podría compaginar los dos trabajos. Y en una semana estaba trabajando en el Infanta Leonor, en Vallecas.

Poco duró esto de compaginar trabajos porque la producción en la que estaba se paralizó durante meses y me quedé trabajando solo de enfermera.

A partir de aquí, cuando llegaba de trabajar, me encontraba al militar de Vox vestido únicamente con mi pijama y esperándome con los brazos y todas sus extremidades llenas de amor.

Contra todo pronóstico, me enamoré. Muy fuerte. Aun sabiendo que no éramos compatibles. Pero me enamoré. Y él parecía que lo estaba también. Por eso no entendí cuando le pregunté en qué punto estábamos y me dio evasivas.

Esto fue en mayo, todavía encerrados en mi piso y viviendo como un matrimonio con la única salvedad de que teníamos sexo 3 veces al día, igual que las comidas.

Así que después de esa incómoda conversación, no me quedó más remedio que tener que echarlo del piso e intentar cortar la relación con él. ¡Qué bochorno pensar que había algo cuando estaba claro que no! Pero me seguía escribiendo y yo seguía cayendo. Hasta que, al final, se fue a su misión. Tres meses fuera. Y ahí noté cómo se iba distanciando cada vez más, pero no lo suficiente como para dejar de tenerme enganchada.

Hubo un momento donde dije que no podía seguir así e intenté seguir con mi vida. Le dije que no quería saber nada más de él. Él me pidió vernos a su vuelta, a lo que le dije que no y, ese verano, mientras estaba en Oriente, volví a Tinder. Quedé con un par de muchachos y todo bien, hasta que, en una revisión ginecológica rutinaria, me dieron la peor de las noticias: tenía el VPH y una cepa oncogénica, o lo que es lo mismo, la número 16, que es la que más relación guarda con el cáncer de cuello de útero.

Esta infección venía acompañada de una lesión que requería vigilancia. Un precáncer, vaya. De bajo grado, pero un precáncer.

Esto ocurrió en septiembre, cuando él estaba a punto de volver de allí, y mi primera reacción fue llamarlo por teléfono y cagarme en sus muertos, pero esto solo sirvió para volver a retomar el contacto con él. Al hacerlo, comprendí por qué no tenía tan claro empezar una relación conmigo. Por lo visto, estaba enamorado de dos personas a la vez. De una niña 10 años menor que él y de mí y no sabía con cuál quedarse.

Ante sus dudas, le dije que no se preocupara, que ya decidía yo y que se fuese con Irene, pero no sabía lo que me esperaba.

Un día estaba en la puerta de Telemadrid esperándome con flores, otro día en la puerta del Virgen de la Torre con el coche... y así, acojonada y acosada, me pasé semanas.

Estuve dudando mucho sobre si comenzar una relación con él, y cuando casi había decidido que sí, me suplicó poder seguir siendo "amigo" de esta chica. Amigo. ¿Pero cuándo habían sido amigos ellos dos?

En un rayo de lucidez, me di cuenta de que estaba desperdiciando mi tiempo con él y que hasta aquí habíamos llegado. Le pedí que me dejara en paz, y como seguía y seguía escribiéndome, le amenacé con denunciarlo a la guardia civil si seguía. Fue lo único que lo paró.

Recuerdo que las semanas siguientes fueron duras y me sentía triste, pero conforme iban pasando los días iba sintiéndome más y más orgullosa de mí por haberme elegido a mí.

Con el tiempo volví a tener ganas de seguir conociendo gente y volví a Tinder y empecé a ir a terapia por si acaso, ese tremendo arañazo que había sufrido mi autoestima se infectaba. No estaba dispuesta a bajar mis estándares nunca más por nadie.

Creo que las dos fueron buenas decisiones porque, conforme fueron pasando los meses, me di cuenta de que tenía muy claro lo que quería en otra persona, lo defendía a muerte y me encontraba en el momento más dulce de mi vida. Un momento en el que me encontré con personas tan variadas como las anécdotas que viví con ellas. Por destacar las mejores o las más inverosímiles, me quedo con las siguientes:

El que me hizo un *love bombing* de la hostia

Este chico vino a buscarme al trabajo, vino a verme a casa y lo dio todo, la primera semana, pero, a medida que pasaban los días, se desinflaba más, hasta que un día no me escribió. Y lo mandé a la mierda por eso. Qué claras tenía las cosas entonces.

El de la medicación psiquiátrica

Este chico era adorable y me encantaba, pero tomaba muchísima medicación psiquiátrica. Cuando nos conocimos, se le escapó decir que tenía una cita médica y, al ser yo enfermera, le pregunté:

—Anda, ¿sí? ¿De qué?

Y me dijo, muy apurado, que no me lo podía decir. Me quedé callada y él también. Un segundo después, más apurado aún, añadió:

—Te prometo que no es por ninguna enfermedad de transmisión sexual.

Yo respiré tranquila porque, en ese caso, solo podía ser algo de la cabecita, así que le respondí:

—¿Es mental, ¿no? No te preocupes. Yo he llegado directa de la psicóloga.

Mucha confianza debí de darle, porque cuando estábamos en la cama me preguntaba si íbamos a echar otro polvo o si podía ya tomarse la pastilla para dormir. Un *show*.

Al que quise seducir con un masajeador de madera con forma de dildo:

Este chico me encantó, pero salió muy mal precisamente por lo mucho que me gustaba. Me gustó tanto que fui a buscarlo en plena Filomena al centro de Madrid con un calentón de la hostia, pero, fruto de los nervios por lo mucho que me atraía, todo se fue a la mierda en la segunda cita. No fluyó nada.

Cuando vi que había sido un estrepitoso desastre, me empecé a agobiar como quien no quiere perder al amor de su vida y, en un romántico intento de recuperar al hombre de mis sueños, decidí hacerle un regalo: un masajeador de madera con forma de dildo. Pensé que lo mejor era enviárselo a casa para darle una sorpresa, pero para eso necesitaba su dirección... así que se la pedí. Y este chico, pues imaginaos... se acojonó.

Como era de esperar, no me dio su dirección y nunca más supe de él. Hoy, cada vez que veo el masajeador de madera, me descojono y recuerdo con cariño cuando la loca de Tinder fui yo.

Al que le encantaba mi gata

Monísimo, majísimo. Le encantaba mi gata, y aunque pasen los años, siempre me pregunta por ella... y también me recuerda lo bien que se la comí.

Me subió el ego a tope cuando me dijo que le había hecho la mejor felación de su vida. Años después, lo sigue recordando y todavía me da las gracias por ello. Luego intenté "encasquetárselo" a una amiga, pero creo que no se gustaron.

El que ronca mientras se la chupas, pero quiere volver a quedar

Y vuelves a quedar con él sin saber muy bien por qué. Y lo terminas prolongando meses, sin entenderlo del todo. Y tu amiga lo llama "el señor de Albacete" por lo simple y previsible que es. Pero precisamente quedas con él porque eso es lo que necesitas: tranquilidad y paz. Y si no continúas quedando, es por una sola razón: ronca.

Una verdadera pena, porque es monísimo, buena gente y guapo... pero el descanso es sagrado. Y yo no estoy dispuesta a renunciar a dormir bien solo por echar un polvo.

Al que le pegaron en Tinder

Este chico me dijo que en las aplicaciones de citas había gente muy rara y me envió fotos suyas lleno de moratones y arañazos que le había hecho un match. Quedé con él varias semanas solo por curiosidad.

El que me quiso regalar una toallita higiénica para mi pollo

Con este no quedé. Pedazo de subnormal.

El que no me gustaba, pero me conquistó por el estómago

Me insistió en quedar varias veces. No paraba de darle largas, pero al final terminé cediendo. El chico me invitó a cenar en un gallego, me llevó a beber cervezas artesanas y acabó invitándome a su casa. Me preparó la mejor comida de ahí debajo de la historia y, hoy en día, todavía lo recuerdo... sobre todo por las ganas con las que me cogió.

¡Olé por todos los hombres que te hacen sentir la cosa más rica del universo, aunque no quieras repetir con ellos!

El ex chungo

La historia con mi ex chungo también comenzó por Tinder... Y quizá lo más destacable fue contar cómo, en la segunda cita, vino a hacerme una visita exprés en moto. Todas mis compañeras del hospital me animaron a depilarme de manera exprés porque, según ellas, era evidente que venía a echarme uno rápido (ya que vivía cerca).

Aunque lo que pasó fue un tremendo gatillazo en el aparcamiento donde medio hospital del Virgen de la Torre dejaba el coche, en Villa de Vallecas.

En nuestra tercera cita, más calientes que una ascua los dos, a mí se me olvidó la llave de mi piso dentro. Tuvimos que llamar a un cerrajero y, mientras este señor llegaba, nos cenamos unas fajitas en el portal y a nosotros mismos frente a la puerta de mi vecina de 90 años, sorda.

Cuando llegó el cerrajero, yo estaba tan a tope y nerviosa que no se me ocurrió decirle otra cosa que:

—Oye, ¿tú sabes que esto es una cita Tinder?

Creo que echamos tres esa noche sin gatillazos. Y ojalá los hubiera tenido, porque me habría ahorrado muchos disgustos, muchas mentiras y la decepción más grande de mi vida. Pero eso sí que da para otro capítulo.

Capítulo 9: La decepción de mi vida

Creo que este es el capítulo más importante que voy a contar, por todo lo que ha supuesto para mí y para mi salud mental.

En él mezclaré televisión, vida personal y vida sanitaria. Contaré cómo viví mis procesos de patologías: la hernia cervical, mi operación por una lesión de alto grado en el cérvix y cómo comencé a desarrollar síndrome de estrés postraumático. Todo ocurrió durante esta relación. Por eso es tan importante para mí. Porque lo engloba todo y ayuda a comprender cómo he llegado hasta donde estoy ahora.

Este capítulo se resume en que dediqué casi cuatro años de mi vida —mis mejores años— a una persona que no estaba enamorada de mí y que tampoco me quería.

Suena duro y radical, pero quien intente endulzarlo no cambiará la realidad. También he aprendido que cuando vives rodeada de confusión, a lo único que puedes aferrarte es a los hechos. Los hechos son lo único que permanece. Son objetivos.

Love bombing: inicio de la relación

Voldemort, porque así lo llamaré a lo largo de todo el libro, llegó a mi vida de la manera menos original posible. Por Tinder. Sí. Es el ex chungo. El peor ex.

Y llegó haciéndome la pregunta que ya me habían preguntado decenas de veces otras personas antes que él. También es la incógnita que trato de despejaros en este libro.

"¿Enfermera y periodista? ¿Cómo es eso? "

Recuerdo mi pereza por tener que volver a explicarlo por enésima vez. Recuerdo su perfil en esa red social. Recuerdo su descripción criticando la hipocresía de todo el que se creía guay y se echaba fotos con niños negros, su crítica hacia quién iba de positivo en la vida a lo *Mister Wonderful* y también su ironía diciendo que no buscaba follar cuando obviamente buscaba follar. Me gustó que fuese tan mordaz. Pero sobre todo me gustó una foto en la que salía al lado de un culazo masculino y que sus ojos me llamasen más la atención que el mismo culo. Me pareció muy guapo.

Pero si hubo algo que me sorprendió, fue que trabajaba en la tele. No podía ser reportero porque en ese perfil faltaba un poquito de ego (o eso creía yo), y tampoco podía ser cámara porque las fotos no estaban tan curradas ni presumía de aparato, (o eso creía yo también), así que solo podía pertenecer al departamento de producción porque salía de fondo con la típica lona con los iconitos de un programa *random*. Postureo, sí, pero no mucho. Reconozco que esto me echaba para atrás. Me apetecía empezar una relación con alguien y me encontraba con más ganas y predisposición que nunca, pero no con alguien de la tele. Me parecía un mundo que para pasárselo bien está muy bien, pero es complicado encontrar a gente que no sea superficial. Y yo soy tremendamente introspectiva y profunda, aunque trate de disimularlo con humor, ironía, memes y sátira.

Recuerdo que cuando le dije que tenía cara de ser de producción, me reí muchísimo con su respuesta. Me contestó que si es que tenía cara de rata que no soltaba un duro o qué y me pareció brillante. Me despollé. Y para poder contarle mi vida, por enésima vez en Tinder, decidí que mejor me diera su número de teléfono y le mandaba audio por WhatsApp. Así perdía menos mi tiempo. Si no, su conversación iba a terminar mezclándose entre las decenas de match que tenía ahí acumulados y me daba una pereza terrible escribir por Tinder la misma historia que ya había escrito otra decena de veces.

Cuando fui a guardarlo como contacto, me di cuenta de que no sabía ni cómo se llamaba y también se partió de risa por eso. "En serio le das tu teléfono a alguien que no sabes ni cómo se llama? JAJAJAJA". Todo eran risas, y eso, en una app de citas, para que alguien te entre medio bien, es fundamental.

Recuerdo que comenzamos a hablar, que la conversación fluía, que teníamos la misma ideología, lo cual era una agradable sorpresa después de salir de una relación en la que uno era derechísimo y la otra izquierdísima.

Tenía un sentido del humor que me encantaba, era lo que más me gustaba de él, que me reía muchísimo con él y, además, me pareció muy divertido, ágil y también muy interesante por la de viajes que hacía cada dos por tres.

Me propuso quedar y matadero fue el sitio elegido. Quién iba a decirme que ese sitio solo estaba avisándome del futuro que me esperaba con él. Bonita metáfora.

Ese encuentro fue muy normal. Yo no podía quedarme hasta muy tarde porque trabajaba de noches en el hospital porque, justo entonces, yo estaba trabajando de enfermera únicamente.

Teníamos aproximadamente, unas dos horas hasta que yo tuviese que irme. Y la conversación fluyó. Le dije que no quería nadie de la tele en ese momento, pero que no me preguntase por qué, por su descripción en Tinder, había terminado ahí con él.

Recuerdo que le toqué la espalda explicándole algo y que su mirada cambió, se puso muy nervioso, o eso fingió y me dijo que no le hiciera eso porque estaba muy sensible.

Unos minutos después, me terminó besando. Mal, por cierto, y recuerdo que le dije que no me apretase tanto o alguna tontería así. Lejos de ponerse nervioso, repitió y esta vez sí que no tuve ninguna queja.

Nos despedimos besándonos en mi coche en cada semáforo rojo hasta que lo acerqué a donde tenía su moto y yo me fui a trabajar. Me había gustado mucho.

Recuerdo que la segunda vez que nos vimos, fue mucho más cómica que la primera. Yo trabajaba en un hospital muy cerca de donde él vivía y me escribió para decirme que me asomase a la puerta porque estaba allí para darme un beso. Yo entré en pánico. La razón, el contexto.

Estábamos en marzo del 2021. Aun luchando contra los coletazos del COVID y en ese momento, yo estaba con mi EPI puesto, sudada a más no poder y tenía unos pelos de loca increíbles.

Le dije que ni de coña bajaba. Todo esto mientras me paseaba gritando por el pasillo contándoselo a mis compañeras en un evidente estado de nerviosismo.

Y una de ellas, maravillosa, me dijo lo siguiente

"Pero tía, si te gusta como no vas a bajar, está claro que te quiere ver, mira haz una cosa, si te da vergüenza que te vea así, dile que, si viene a las 10, cuando salgas, no le das un beso sino que le das diez".

Y eso hice. A lo que él me contestó, recuerdo textualmente

"Interesante propuesta".

A las 10 de la noche estaba de nuevo esperándome con su moto. No sin que antes, yo me hubiera bajado a las duchas 20 minutos antes a depilarme con esas cuchillas asesinas del hospital de una sola hoja.

Toda la plantilla de enfermería estaba convencida, y así me lo hicieron sabe, que Voldemort quería tema conmigo esa noche y como vivía cerca de allí, me iba a invitar a su casa. No me quedó más remedio que depilarme a toda pastilla y a escollarme toda la piel.

Lo triste de la historia es que terminamos en el parking público donde todo el personal del hospital dejaba el coche, dándonos el lote y yo, viendo cómo el muchacho sufría un gatillazo en directo.

Esa invitación a su casa nunca llegó. Pedazo de película me monté fruto de la película que se montaron mis colegas, todo hay que decirlo.

Me acuerdo y todavía me pongo roja de la vergüenza y de la risa de imaginarme corriendo, buscando cuchillas del chino en el hospital.

Nos despedimos, yo me fui más caliente que una ascua a mi casa y le escribí y se lo dije. Según me dijo él después, pensaba que no iba a querer verlo más por el gatillazo, pero cuando le llegó mi mensaje, comprendió que no era para tanto que me hubiera dejado con todas las ganas.

O al menos no tan grave como no querer verlo otra vez. Tiempo después me enteré de que me llamaba con una amiga la que "besa que folla".

Y llegó la tercera cita. Quizás esta sí, la más cómica de todas. Y también la definitiva para mí porque esa noche, si o sí, tenía que caer. Demasiado me había hecho la digna ya.

Quedamos y la cosa ya empezó regular. Yo trabajaba en cuzco, un barrio cerca del Bernabéu en Madrid y él venía en moto a tomarse algo por allí conmigo y después, nos volvíamos para mi barrio, a mi piso, a cenar allí. Ese era el plan original, pero no sé por qué él dio por hecho que yo era una pija que tenía parking en cuzco, cual princesa, en vez de volverme en metro.

La cuestión es que solo se trajo un casco de moto y después de comernos la boca como si no hubiera un mañana en un bar de mala muerte de la zona, donde seguro que el dueño pensó que por qué narices no nos íbamos a un hotel, a la hora de volvernos a mi piso y otra vez, con todo el calentón, él tuvo que irse en moto y yo en metro... como si no nos conociéramos de nada.

Lo de la comunicación ya apuntaba maneras desde bien pronto la verdad. Visto el tropiezo, intentamos organizar de la mejor manera la vuelta a mi piso y el conseguir cena.

Como yo iba a tardar más en volver que él, él se encargaría de pillar unos burritos. Quedamos en la puerta de mi casa y luego "cenaríamos".

Pero ¡sorpresa! Cuando llegamos, me di cuenta de que había dejado las llaves dentro del piso y no tenía forma de abrir. Tuve que llamar a un cerrajero (esto ya lo sabes, porque te lo conté antes).

Sí, sí, cuando le solté:

– "¿Sabe que esto es una cita Tinder?"

El cerrajero, él y yo mismo flipamos con mi frase, puro nerviosismo. Más de 400 euros la broma, pero al final entramos. Y recuerdo que ese día nada quedó a medias. Aunque no fue perfecto, la química estaba ahí: él me ponía y yo a él también.

Empezamos a hablar a diario y en un momento dado, recuerdo que él me pidió exclusividad. Algo que hizo que yo zanjase mi relación con otro chico que también estaba conociendo y a quien creo que no le sentó nada bien porque estaba empezando a tener sentimientos por mí, pero yo ya me había decidido.

Iba directa a estamparme, pero ahí, todavía no sabía que iba a ser una hostia de tal magnitud. Lo único que sabía desde ese día era que me iba a enamorar de él hasta las trancas.

Voldemort

Él era divertido, era agradable, era atento. Era muy guapo, delgado, alto, no tenía culo y, aun así, me ponía muchísimo sexualmente, deportista, hábil, optimista como él solo, fuerte y digo fuerte porque solo una persona que tiene una condición de salud crónica y que se comporta como si no la tuviera, sin mencionarla jamás a nadie, sin aprovecharse ni un poquito de eso, sin quejarse de eso, tiene que ser una persona muy fuerte.

Hablaba un inglés perfecto, era una persona muy curiosa, muy simpática, tenía un don de gentes enorme, sabía escuchar, tenía un carisma increíble y yo lo veía extremadamente inteligente.

Era todo lo que siempre había soñado y recuerdo tener una conversación al principio con algunas amigas y decir... es que quizás sea demasiado bueno para ser verdad. Quizás yo no merezca tanto a pesar de saber qué es lo que quiero a lo que rápidamente, todas se me lanzaron a decir que ni se me ocurriera decir eso porque yo valía mucho más que mi peso en oro y pensé... llevan razón.

Este chico como mucho estará a mi altura, pero no es más que yo ni yo soy menos que él. Es justo lo que quiero y merezco. Y luché día tras día por creérmelo.

Ibiza: El refuerzo intermitente

Comenzamos a vernos con mucha frecuencia. Nuestras dos veces por semana no nos las quitaba nadie y recuerdo que las ganas, los planes y el sexo iban en aumento en cada encuentro.

Rutas en moto, monólogos, cenas, bailes de los *Backstreets Boys*, mucha tontería y cada vez yo estaba teniendo más sentimientos por él. Creo que él también los comenzó a tener por mí, pero se iba a Ibiza a trabajar un mes y medio, cuando hacía solo dos meses que nos conocíamos, así que me decía a mí misma que despacio.

Todo estaba muy incipiente y poco sólido, pero parecía que los dos estábamos empezando a encoñarnos, o eso pensaba yo.

Aunque tengo en mi memoria un recuerdo que, hoy en día, se me viene a la mente porque en su día, no lo entendí.

Faltaba un par de días para él se fuera a Ibiza, se quedó a dormir en mi piso y cometí el error de dejarme la ventana de una habitación de mi piso abierta para ventilar, con tan mala suerte de que mi gata, Aria, que además de ser un ovillo adorable de color blanco y negro, no puede ser más torpe, se cayó por la ventana.

Cuando me desperté y vi que la gata no estaba, me puse super nerviosa, me puse en lo peor y supe que se había caído. La gata no puede ser más casera así que lo que me preocupaba, además de la torta que se podía haber pegado, era que durase en la calle menos que un caramelo en la puerta de un colegio, así que recuerdo salir a buscarla como una loca. No recuerdo que él hiciera gran cosa. Lo notaba incómodo con mi incomodidad y no lo notaba presente. Aunque objetivamente, sí que me propuso acompañarme a ir a hacer carteles de que se había perdido y me llevó con la moto a la papelería, pero yo notaba algo raro en él.

Luego él se fue porque tenía que hacer la maleta y yo me quedé buscando a la gata sola hasta que la encontré escondida en el portal de al lado y con la pata rota...

Lo que me llamó la atención de él fue que lo noté desconectado. Objetivamente estaba allí. Objetivamente me ayudó con los carteles, pero mi instinto me decía que no estaba allí conmigo. No lo notaba con mi preocupación. La palabra más acertada era esa. Desconectado completamente de mí y de mi preocupación por mi gata. Ausente y estando sin estar.

Esta sensación que al principio me pareció extraña, más adelante, se convertiría en un elemento muy familiar en mi relación.

Yo pensaba que la cosa se estaba poniendo muy intensa entre los dos y que el viaje a Ibiza sería una prueba de fuego para saber qué sería de nosotros.

Recuerdo que el día que tenía que irse, me ofrecí a llevarlo al aeropuerto y me quedé muy sorprendida al verlo emocionarse y soltar unas lágrimas al despedirse de mí.

Me pareció muy tierno, pero no llegué a comprender el drama porque si los dos estábamos de acuerdo con mantener la relación, nada debía enfriarse. No era la primera relación a distancia que yo tenía porque ya había pasado por esto mínimo en 3 relaciones y una de ellas duró hasta 2 años a distancia. No te digo que tuviera un máster en relaciones a distancia, pero sí sabía lo suficiente como para tener la tranquilidad de que, si las dos personas se implican, no habría muchos problemas para mantener la conexión. Al fin y al cabo, era algo temporal y con comunicación y afecto, la distancia no es tanta.

Sin embargo, solo fue el inicio de un mes y medio de angustia y a su ida se sumaron varios factores estresantes:

Un accidente de coche, visitas al veterinario en transporte público porque mi coche quedó destrozado, muchísimo trabajo porque estábamos en plena campaña nacional de vacunación contra el COVID y además yo estaba en medio del proceso de la compra de mi piso y firmando la hipoteca con 31 años. Casi nada.

Recuerdo que las dos primeras semanas con él fuera, todo transcurrió normal. Como si siguiese aquí. Se comunicaba conmigo y recuerdo incluso que el día que yo firmaba la hipoteca, me envió un video super currado para darme la enhorabuena. En este periodo yo estaba tan tranquila que incluso me atreví a tomarme la licencia de comprar un vuelo de ida y vuelta el último fin de semana que él estaba allí para ir a darle una sorpresa, pero finalmente la sorpresa me la terminé dando yo.

Un día que yo iba conduciendo, de camino a trabajar en la campaña de vacunación, recuerdo que sonó mi teléfono.

Yo necesitaba mirarlo porque estaba intentando tomar una decisión. Me habían propuesto trabajar en televisión, en La Sexta, haciendo una sustitución de verano como periodista y aunque estaba trabajando de enfermera, si hacía los cambios suficientes, podía encajarlo sin tener que dejar el puesto de enfermera.

Estuve a punto de coger ese trabajo, pero estaba agotada. Miré las planillas y me di cuenta de que iban a transcurrir 25 días seguidos trabajando entre una profesión y otra, sin un solo día de descanso y pensé que no podría aguantar eso después de todo lo que ya había pasado durante la época dura del COVID.

Precisamente ese día, en el coche, de camino al trabajo, a hacer una jornada extra poniendo las primeras dosis del COVID, fue cuando sonó mi teléfono, esperando la respuesta de un jefe de la Sexta y al ir a mirarlo, con una ansiedad palpable, me estampé con un coche que tenía delante.

Me di un pedazo de hostia que reventé tanto mi coche por delante como toda la parte de atrás del coche con el que me estampé.

Me asusté muchísimo. Hice el parte de accidentes a toda prisa, avisé a mi supervisor del hospital que iba a llegar 15 minutos tarde, avisé a Voldemort por WhatsApp, a mi amiga Jessica también y esta última enseguida me llamó.

Cuando la tranquilicé diciéndole que yo parecía estar bien, seguí mi camino al hospital a trabajar y un poco mareada por el golpe, me puse a vacunar como si no hubiera un mañana. Ese día puse 120 dosis.

Tenía tanto estrés acumulado que cuando dejé de trabajar y volví a mi casa, con el coche reventado, me di cuenta de que Voldemort me había contestado por WhatsApp preguntándome si estaba bien y yo apenas le había respondido que sí a duras penas, con alguna explicación vaga, algo nada normal en mí, por cierto...

Pero él no me había llamado después de semejante hostia. ¿En serio le digo que tengo un accidente de coche, que mi coche está reventado y el de delante también, y no me ha llamado en todo el día? ¿En serio se ha quedado tan conforme con un WhatsApp?

Me indigné mucho. ¿Para qué tanto llanto en el aeropuerto al despedirse si cuando de verdad ocurre algo por lo que te puedes preocupar no haces acto de presencia?

En cuanto paré los suficientes minutos como para reflexionarlo, fui consciente y se lo dije. Entonces sí que me llamó por teléfono y cuando me notó enfadada su reacción fue enfadarse él.

Me decía que sí, que llevaba razón, que no había caído y que estaba mal no haberme llamado, pero que no le gustaba en absoluto el tono que estaba tomando esto y que no le apetecía. Básicamente no le apetecía que nadie se enfadase con él, aunque hubiera motivos.

No recuerdo una sensación de contrariedad más grande en mi vida. Es decir, él comete un error, me enfado, se lo digo y termina quitándome el derecho a enfadarme porque el que se termina enfadando porque yo me enfado es él.

Al día siguiente, le llamé por teléfono diciéndole, sin entender yo nada, que yo no quería estar mal con él. Que, por favor, lo olvidáramos y que, si él estaba bien conmigo, por mí, esto estaba olvidado. Recuerdo que yo tenía una sensación de culpa terrible. Encima.

Él agradeció mucho este gesto y me dijo que valoraba que hubiera tenido esa iniciativa de acercarme después de una discusión. Nunca he sido una persona orgullosa. No se me caen los anillos por acercar posturas. Pero sí, espero que conmigo hagan igual.

Se supone que lo arreglamos. Se supone que estábamos bien. Se supone. Pero cada vez, salía menos de él hablarme. Y mi ansiedad, cada vez subía más.

Cada vez más pendiente del móvil por si tenía algún mensaje suyo. Cada vez más triste y cada vez más segura de que me había metido en un sitio donde yo no tenía espacio y que tenía que salir lo antes posible.

No entendía cómo una persona que hacía unas semanas me había dedicado toda su atención, en apenas unas semanas comenzaba a desaparecer y a aparecer de manera intermitente y cuando se lo comentabas te decía que eso no era así. Y sí era así. A los ejemplos me remito.

Esas semanas fueron muy complicadas. Finalmente, rechacé el trabajo en televisión porque eso implicaba no descansar, y de verdad que notaba que lo necesitaba. Probablemente, también fue por toda la ansiedad que iba acumulando mientras observaba el cambio en la actitud de Voldemort.

Además, ese accidente no podía haber sido otra cosa más que una señal de que tenía que soltar el acelerador.

Y me dolió en el alma no coger ese trabajo porque quería volver a la tele.

El coche se pasó demasiados días en el taller. El gasto para arreglarlo fue demasiado dinero que, en pleno proceso de compra de una vivienda, no me venía nada bien pagar la verdad y si a eso sumamos que mi gata estaba convaleciente, que su operación fueron otros 2000 euros y que cada dos por tres me llevaba un susto de muerte viendo cómo la pata le cambiaba de color y yo pensaba que iba a tener que terminar amputándosela, pues tenemos la combinación perfecta.

En medio de todos mis dramas, dramas reales y complejos, la persona que había comenzado a importarme como ninguna otra, estaba prácticamente desaparecida como para poder contarle algunas de mis preocupaciones.

El miedo de la hipoteca, ese vértigo... perder todos tus ahorros para dar ese paso tan importante, el miedo a que no me volvieran a llamar de la tele por rechazar esa oferta, la salud de mi gata, el coche...

La situación hizo que, a pesar de estar muy cansada, no pudiera dormir por las noches. Estaba totalmente acelerada y dependiente del móvil. Mirando a cada segundo por si recibía un mensaje, que cada vez tardaba más en llegar y donde, cada vez, me decía menos de esa persona.

Cuando apenas faltaba una semana para que Voldemort volviera de Ibiza, recuerdo que acumulé cuatro días y decidí irme sola a Conil de la frontera a la playa, a intentar desconectar.

A pesar de todo el cansancio que tenía encima, no me podía quedar dormida y esto hacía que la cabeza me doliera muchísimo.

Recuerdo tener la sensación de que, si no dormía, me iba a pasar algo malo. Era una sensación horrible. Una ansiedad de libro y por primera vez, pensé en acudir a un profesional y que me recetase algún tipo de fármaco. Finalmente, no sé de qué manera, conseguí no hacerlo.

Pero lo que sí hice fue llegar a la conclusión de que yo no podía estar así. No me compensaba vivir en esa incertidumbre de si estábamos bien o no, ver que no, pero que te dijeran que sí cuando era obvio que no. A lo mejor había conocido a otra. A lo mejor no le gustaba lo suficiente. Y no pasaba nada porque no teníamos nada, pero tampoco había momento oportuno para preguntar por eso porque no hablábamos.

Así que, en Conil, escribí una carta de despedida. Una carta que jamás envié porque después de hablarlo con una amiga, me dijo que me esperase a hablarlo en persona. Le hice caso porque total, faltaban tres días para que volviera.

Así que en su vuelta. Nos volvimos a ver.

Para mi sorpresa, todo volvió a ser como antes de irse.

Por cierto, el vuelo para ir a visitarlo a Ibiza lo perdí. Jamás fui y él no se enteró de nada hasta meses después, cuando envuelta en vergüenza, me atreví a confesárselo.

No hizo ningún comentario de "qué pena, ojalá hubieras venido". En absoluto.

Comenzaba a comprender que para él sus experiencias de trabajo en viajes, eran completamente suyas. Y era algo que me hacía sentir un poco excluida, pero que quería comprender a toda costa porque él me encantaba. Porque le respetaba profundamente. Porque le admiraba.

Mi compinche

Quizás esta sea la etapa más dulce de mi relación con él. También fue una muy buena etapa en lo personal y profesional y creo que es justo compartirla.

No puedo evitar disfrutar dentro de mí cada vez que recuerdo esta etapa porque sé que, para mí, sí fue real.

A su vuelta de Ibiza, todo volvió a ser como antes. Yo estaba instalándome poco a poco en mi recién comprado piso y tenía que comprar y montar muebles.

Los primeros los hice sola, pero recuerdo que él me ayudó a montar el canapé. También me ayudó a estrenarlo, como no podía ser de otra manera y ese día, decidimos que nos íbamos de viaje a Asturias un fin de semana. Me hubiera gustado ir a algún sitio en el que él no hubiera estado nunca, pero pronto comprendí que, si quería viajar con él, iba a tener que adaptarme rápidamente a destinos porque él había visto muchos más lugares lejanos que yo. Así que sí. Asturias era una buena opción y, además, yo nunca había estado.

En ese viaje descubrí la música que le gustaba, lo bien que conducía, lo bien que producía y buscaba hoteles, lo que le gustaba el cine de acción y super héroes, Marvel entero y todo lo que tuviera que ver con Keanu Reeves y su papel en el Continental.

También descubrí que cualquier vía de descanso era buen sitio para que un camión de la limpieza nos pillase en medio del lío y que luego ese sitio se llevara una reseña de 5 estrellas en Google por su eficaz limpieza.

Descubrí lo cariñoso que era. Sin duda esto era lo que más me gustaba de él. Lo tocón, lo soba, lo que le gustaban las carantoñas. Darlas y sobre todo recibirlas. Y también descubrí el miedo que me daba cada vez que empezaba a sudar por las noches porque le entraba una hipoglucemia y yo pensaba que se me podía quedar en el sitio...

Seguía pareciéndome impresionante a la vez que imposible como una persona con unos valores de 50mg de azúcar en sangre era capaz de levantarse sin caerse redondo, andar y buscar qué comer cuando a mí una vez me dio una pájara con esos niveles y sólo recuerdo cómo me temblaban las piernas, las ganas de vomitar que me entraron y los sudores fríos que me corrían por el cuerpo. Asusta mucho sentirse así.

Me tenía totalmente fascinada esa fortaleza y su manera tan estoica de llevarlo. Nunca he admirado tanto a nadie. Nunca he conocido a nadie tan fuerte. Jamás.

Recuerdo que en Gijón le hablé de mis amigas, recuerdo que paseamos por la playa, que en Ribadesella muertos de frío nos compramos unas sudaderas estilo *surfer* y que me explicó todos los tipos de motos que había y que hasta hice el juego de intentar adivinar cuál era cuál con cada una de las que pasaban delante de nosotros.

También recuerdo que en Cudillero subió una foto y por primera vez me etiquetó en Instagram y que en Blanes yo me hice dos fotos con una vaca. El selfi y el meta selfi. Recuerdo que de camino a Blanes carrileamos, nos extraviamos entre esos caminos perdidos y que, a la vuelta a Madrid, a mí me iba a explotar el corazón de amor.

Era todo tan fácil con él... sentía que me entendía a la perfección y que todo fluía y que nos entendíamos como nadie. Recuerdo que para mí Asturias fue un antes y un después en nuestra relación. Pero claro, hablo única y exclusivamente por mí.

Una vez estuvimos de vuelta en Madrid, yo seguía trabajando de enfermera en un centro de salud y era recurrente que él viniera a recogerme en moto para comer con él y también que me acercara al trabajo. De esos trayectos recuerdo cómo me estrechaba contra su pecho mi mano y como me la apretaba para hacerme ver que me tenía presente. Yo, me derretía detrás. Conducía con seguridad y con cabeza. El casco, los guantes, y hasta una chaqueta protectora me los consiguió él. Me los regaló, vaya. Yo sentía como viviendo un sueño.

Hasta que un día trabajando, me escribió por WhatsApp, "oye Luz, me acaban de llamar para un proyecto fuera, otro mes y pico en Benalmádena". No hacía ni un mes que había vuelto de Ibiza cuando ya tenía otro proyecto a distancia a la vista. Y pensé, vale. Tengo que hablar con él porque yo no puedo volver a pasar por la angustia por la que pasé antes y si su manera de comunicarse estando fuera va a ser la misma, él me encanta, pero conmigo, que no cuente.

Ese día, me recogió con la moto porque habíamos quedado en comer después y así se lo dije... Que, sin acritud, que me encantaba, pero que si él a cada viaje que le surgiera iba a seguir sin apenas comunicarse, que lo dejábamos aquí y no pasaba nada. Que nos lo habíamos pasado genial y con eso me quedaba.

Obviamente, yo no iba a pedirle nunca que rechazara ir a ningún sitio porque cuando quieres a alguien, quieres lo mejor para esa persona y quieres la felicidad de esa persona y entiendo que ganar experiencias de ese tipo, conocer lugares que de otra manera no podrías conocer, era algo que era imposible no apoyar. Jamás le pediría que no fuese a algún viaje.

Me había regalado momentos inolvidables, le tenía un cariño inmenso, pero mi salud mental iba por delante.

Recuerdo cómo empezó a pedirme que, por favor, lo esperase. Que iba a ser poco tiempo. Que iba a comunicarse conmigo y me insistió varias veces. Yo acepté, pero le advertí de que si veía que ocurría lo que ocurrió en

Ibiza, donde yo lo pasé realmente mal, que de verdad se acababa.

Me dijo que lo entendía y esa tarde, después de comer nos fuimos a su piso y en la cama, por primera vez, me dijo te quiero. Era agosto. Obviamente, yo le respondí que yo también. Estaba muy enamorada.

Durante el verano, también estuvo fuera una semana en Grecia de vacaciones. Podría decirse que era un culo inquieto y a mí no solo me encantaba, sino que lo admiraba muchísimo. ¿Cuántas veces he dicho ya en lo que va de libro que lo admiraba? Sobre todo, si cuando estaba fuera, se comunicaba conmigo y me hacía ver que me echaba de menos como yo lo echaba de menos a él. Y eso, en esa ocasión, ocurrió.

No olvido cómo en estas primeras etapas de la relación, me decía que yo era perfecta para él. Y yo recuerdo que yo le respondía que no quería ser perfecta para nadie, que cuando se es perfecto para alguien, significa que te parece una persona estupenda, pero que no sientes lo que tienes que sentir. A mí me ha pasado y cuando alguien ha sido perfecto para mí, era perfecto, pero no para mí. Me aterraba escuchar cuando me decía eso. Yo le decía que yo perfecta no era. Que se lo quitara de la cabeza. Y él, seguía r que r.

Con su viaje a Benalmádena también lo notaba muy presente. Muy cariñoso. Lo que yo consideraba normal cuando estás enamorado de alguien, vaya. En esa época, yo había vuelto a televisión y seguía compaginándolo con mi trabajo a media jornada en el hospital de enfermera, pero recuerdo que no sé cómo, saqué tiempo para hacerme 5 horas de coche, bajar a Málaga desde Madrid y verlo.

Él lo flipaba. Le parecía una barbaridad que me hiciera todas esas horas en coche y a mí me sorprendió. ¿Por qué? ¿Nunca has hecho locuras así por alguien? Le pregunté y su respuesta fue que no. A lo que le pregunté: ¿Y no las harías? ¿Qué es la vida si no vivir aventuras así? Y me dijo que no. Que no se veía haciendo tantas horas de coche por ver a nadie. Que prefería esperar. Y estaba flipando porque no solo a mí me salía hacerlo, sino porque me salía hacerlo sin esfuerzo.

Y si volviera atrás, volvería a hacerlo sin pensármelo. Uno da lo que es. Y en ese mes y medio en el que estuvo en Benalmádena, bajé dos veces a verlo desde Madrid. ¿Qué son cinco horas de coche cuando había estado en Ibiza y en noviembre iría a las Islas canarias? Al menos a Málaga se podía llegar en coche.

Esos momentos en Benalmádena todavía perduran en mi memoria. Toda la noche abrazado a mí. Esa terraza enorme con vistas al Mediterráneo y la cena en la pizzería napolitana con aceite de oliva de mi pueblo... es que es increíble como cuando estás enamorada y cuando prestas atención recuerdas cada detalle por ínfimo que sea porque tu mente solo quiere retener eso para siempre. Quedarse en esos momentos para siempre y congelarlos.

Cuando él acabó ese proyecto, volvió a Madrid. Era octubre y recuerdo que le propuse una escapada a Granada. Fuimos a un hotel con spa y en ese momento, a pesar de que teníamos exclusividad, no teníamos determinado qué éramos aún y hacía ya nueve meses.

En mi trabajo incluso yo solté la broma de decir, "me voy de fin de semana a Granada con mi match de nueve meses de Tinder".

Ese viaje creo que fue nuestra cúspide. Yo le pregunté qué éramos porque si no lo precisábamos, yo no lo sabía y él, un poco esquivo, me dijo que obviamente era su pareja. Que para él era algo obvio. Sé desde ese momento que, desde el 12 de octubre del 2021, éramos una pareja, formalmente hablando. Y cuando digo que en Granada llegamos a nuestra cúspide, también lo hicimos en el plano sexual. Nueve veces en menos de 24 horas. Dos semanas de abstinencia, los dos después porque nos dolía andar. Quien pillara esos inicios en las relaciones en los que pareces conejo... ja, ja, ja.

A Benalmádena, como proyecto profesional suyo, le siguió el viaje a las Canarias, en noviembre, con el que contaba desde hacía meses y este viaje suyo duró otras tres semanas. Pasó su cumpleaños fuera y me las ingenié para hacerle llegar una taza con un dibujo que él mismo me había hecho, pidiéndole a una amiga que se recorriese la isla entera para dársela. Creo que le gustó, pero tampoco me hizo muchas fiestas, la verdad.

Yo tenía un cachondeo con él muy importante porque desde que lo conocía y si hacíamos cuentas, se había pasado más tiempo fuera que en Madrid. Y decía que no, pero yo seguía chinchando y diciendo que solo tenía que ponerse a contar los días.

Y a ese viaje, le siguió, por fin, nuestro primer viaje fuera de España en diciembre, juntos: Berlín.

Cómo olvidar que nos cayó una nevada impresionante, que vimos un museo que explicaba todo el genocidio nazi en inglés, situación que él no dudó en aprovechar para demostrarme lo bien que lo entendía y hablaba, y uno de los días, nos lo pasamos recorriendo murales de grafiteros que solo él conocía y buscando al grafitero que los había pintado en cuestión.

Este viaje lo recuerdo de manera muy extraña. Sé que para él fue importante porque debió de sentirse en una cúspide de admiración por mi parte cuando delante de mí, una persona le dio la enhorabuena por lo bien que me estaba traduciendo algo.

Al mismo tiempo, yo me di cuenta de que él estaba extremadamente relajado. Notaba como que me daba por hecho y el tema sexual se relajó un poco y no por mi parte precisamente, pero yo hacía como que lo comprendía todo y no pasaba nada. Todo estaba bien. A todos nos podía ocurrir. Es como que sexualmente yo ya no le gustase tanto, pero era su osito de peluche. A partir de ese viaje, algo cambió. Lo sé. Quizás se convenció de que me tenía en el bote.

Durante estos primeros 6 meses juntos, recuerdo que hablamos de cosas importantes. Yo le expresé de mi deseo de conocer a su familia. De que, en un futuro, viviésemos juntos. De cosas que, para mí, eran importantes y no solo importantes, sino líneas rojas. Recuerdo tener siempre una sensación de ir pisando cáscaras de huevo, o, dicho de otra forma, de ir con mucho cuidado por lo que me decía o cómo podía sentarle.

Dándole el espacio que pensaba que un alma libre como él necesitaba. Tratándolo como yo consideraba que se merecía. Dándole todo el cariño, toda la comprensión, toda la admiración, respeto y amor posible. De verdad que me esmeré como nunca en hacerlo y creo que lo conseguí.

Estoy muy orgullosa de haber querido así a alguien y de haber abordado cada asunto que me inquietaba con él desde el respeto y una reflexión por mi parte posterior. De no haberme callado nada. De haber intentado siempre solucionar cualquier problema que pudiera surgir, pero, sobre todo, de evitar los problemas y para ello, lo tenía claro. Comunicar, comunicar y comunicar.

Tenía muy claro desde el principio que las relaciones, si quieres que duren, tienes que cuidarlas como si fuesen una planta. Regarlas a diario. Y en eso me concentré. En tener mi relación con mi persona favorita lo más cuidada posible. Enseñándole lo mejor de mí y cuando algo de mí misma no me gustaba, intentando trabajarlo hasta mejorar. Para que de la misma manera en la que yo me sentía orgullosa de él, él lo estuviera de mí.

Cuando le comenté lo de que quería conocer a su familia, no hubo problemas y poco tiempo después, me los presentó. Con el tema de la vivienda, me dijo que, en un futuro, no le parecía mal, pero que en este momento no. Y a mí no me parecía mal que no quisiera ahora, pero yo sí necesitaba saber que al menos había un proyecto a futuro y el vivir juntos, para mí formaba parte de ese proyecto. Ni ser madre, ni boda, aunque oye, una boda me gusta más que a un tonto un lápiz, pero si me compensan con viajes chulos y con la intimidad necesaria hasta lo puedo comprar.

Todo parecía ir bien. Despacito. Sin prisa, pero sin pausa.

Y los viajes y las experiencias se fueron sumando. En abril del 2022 llegó otro. Oporto. Una ciudad que yo ya conocía, pero como él había estado en Lisboa, cedí.

Era mi compinche y yo me sentía la suya. Y así me llamaba y me encantaba.

Más viajes suyos: más refuerzo intermitente

Durante todo el inicio del año 2022, él estuvo trabajando en una docuserie. Tenía que viajar continuamente. Yo lo llevaba relativamente bien, pero he de reconocer que las sensaciones que viví en Ibiza comenzaron a aparecer de vez en cuando. Lo notaba ausente. Los viajes eran mucho más cortos, a lo mejor días y el trabajo de producción es muy absorbente, así que siempre me decía a mí misma: seguro que es porque está muy liado, pero en el fondo no podía dejar de culparme porque mi vida no fuese tan ajetreada o interesante como él hacía ver que era la suya.

Y digo esto porque es muy curioso que cuando él estaba haciendo la docuserie de una *influencer*, que personalmente, me parece cero enriquecedora salvo por la posibilidad de viajar, yo estaba trabajando en un programa semanal haciendo investigación en el que un pederasta me insultó y me amenazó de muerte, cuando tuve que ir a denunciar decenas de operaciones estéticas mal hechas y luego a testificar a juicio, cuando tuve que hacer documentales y documentales exprés tratando de explicar los inicios de la guerra de Ucrania y también cuando tuve que hacer todo el trabajo de hablar con la supuesta hija no reconocida del Rey Emérito con un viaje a Bélgica incluido y en francés.

A veces me pregunto por qué narices me quitaba mérito o quería pensar que a él le iba mejor que a mí cuando realmente no era así. La respuesta, que ahora veo cada vez más obvia, antes no existía: si alguien no se interesa por ti, aunque le cuentes todas estas batallitas y anécdotas, terminas pensando que tu vida es cero interesante. Aunque con el paso del tiempo y un poquito de perspectiva, no es que tu vida sea cero interesante, sino que tu vida le interesaba cero, que es bien diferente. Muchas veces esta indiferencia y desdén terminó impregnando tanto en mí que yo misma comencé a desmerecerme.

De hecho, recuerdo que cuando me amenazó el pederasta de muerte, Pablo, mi ex, me escribió preocupado porque me vio en televisión mientras que mi novio estaba tranquilísimo... quizás ya debería de haber empezado a sospechar que yo a esta persona, le importaba bastante menos de lo que me importaba él a mí.... Pero en vez de llegar a esa conclusión, decidí pensar que él era muy independiente. Y oye, qué guay estar con alguien tan independiente.

Sigo con esta etapa porque es importante: cuando trabajé en el documental sobre la hija ilegítima del Rey, tuve mucho estrés y además coincidió con que él otra vez se fue a América Latina, a tres países a grabar otro proyecto guapo de estos que le salen. Estuvo fuera casi dos meses.

Yo tuve mucho estrés. Conseguí organizar la grabación del documental y me siento muy orgullosa, hoy en día a pesar de toda la energía que empleé en que saliese, pero es uno de los trabajos más completos en los que he trabajado nunca.

Sin embargo, muchas veces pienso en el origen de ese malestar. ¿Era simplemente estrés fruto del trabajo? ¿O era estrés fruto del refuerzo intermitente? De no saber cuándo iba a poder hablar con Voldemort, cuándo iba a aparecer, cuándo iba a poder a hablar, cuándo iba a mandarte un mensaje cariñoso o simplemente saber cuándo iba a tener un gesto de que se acordaba de mí y de mi valor.

Recuerdo que esa etapa en la que estuvo fuera, volví a sentirlo lejos. Yo lo atribuía a la diferencia horaria. No es lo mismo viajar a las Islas Canarias, a Benalmádena o a Ibiza, donde el huso horario es prácticamente el mismo, que hacerlo a miles y miles de km, donde cuando aquí era media tarde allí estaba amaneciendo.

Lo que si me llamaba la atención era que jamás salía de él el llamarme por teléfono. Si yo se lo pedía, buscaba hueco y nos llamábamos, pero de él nunca nacía esa necesidad de llamarme y contarme motu proprio.

Yo lo atribuía a que era una persona "apartada" del teléfono, pero no era realmente así porque no había persona más activa para subir *stories* a Instagram y compartir cada paso que daba y presumir de los sitios que visitaba que él.

Decía que no le gustaba llamar por teléfono y que él con los WhatsApp iba más que servido. Yo me conformaba, pero lo pasaba mal. En silencio a veces. Otras, trataba de decírselo. Cuando encontraba el momento de hablar con él, dependía siempre de cuándo él podía y tenía disponibilidad y ganas.

Recuerdo cómo volcaba todas sus frustraciones del trabajo conmigo. Esos momentos para mí eran como un auténtico bálsamo porque sentía que contaba conmigo, que me echaba de menos.

Cuando lo pienso con más perspectiva, lo que veo es que era su cubo de basura en el que vomitaba mierda de los demás y cuando se desahogaba, volvía a desaparecer.

Cuando le ocurría algo bueno estando fuera, yo era la última en saberlo porque, simplemente, eso formaba parte de su historia y no la mía y ¿quién era yo para pedirle a nadie ser parte de eso?

Aun así, recuerdo habérselo dicho en alguna ocasión, y su respuesta fue "yo no tengo la culpa ni quiero convertirme en una persona dependiente del teléfono como tú, a lo mejor deberías analizarlo". Fue un golpe bajo.

En primer lugar, porque la primera persona que pensaba que pasaba demasiadas horas pendiente del móvil era yo, pero, por otro lado, el estar pendiente de si tenía alguna novedad suya era el verdadero motivo por el que yo no dejaba el móvil y más, cuando tu pareja está a 8 horas de diferencia horaria, viendo países increíbles y viviendo una experiencia increíble.

En esta etapa, comencé a aceptar que él era así, que podía pedirle mucho, pero que tenía que entender que era muy difícil que encontrase hueco para llamarme, y así lo acepté. O lo intenté con todas mis fuerzas.

Así que, en este contexto, en medio de su viaje y en medio de la producción del documental de la hija no reconocida del rey emérito en el que yo estaba trabajando, hubo un día en el que teníamos que pactar con el departamento de producción de mi productora cuál iba a ser el beneficio económico que se le iba a aportar a esta mujer por venir desde Bélgica a contarnos toda su historia.

Me tocó ir de traductora al hotel en el que se hospedaba y estar con producción por el tema de que yo era la única persona que hablaba francés de esa redacción.

Una vez terminé de traducir el trato y todos quedaron conformes, a la vuelta, había un taxista que había contratado mi productora, esperándome para llevarme a casa.

Cuando me metí dentro, no lo pude flipar más. ¿Qué clase de broma era esa? Tenía un *sexymbol* de conductor. Un morenazo de ojos azules, petadísimo y super amable que no paraba de mirarme a través del retrovisor y yo, con la broma, empecé a hacerle fotos por detrás sin que se diese cuenta y a enviarlas a algunos compañeros de trabajo para contarles la maravillosa producción que teníamos por enviarme a semejante portento de taxista para llevarme de vuelta a mi casa.

Todo eran risas hasta que cuando el taxista me dejó en la puerta de mi casa y me bajé, todo esto en un carril de un único sentido, el *sexymbol* se bajó, dejó el coche con las puertas abiertas y los *warning* puestos, me gritó que esperase, por mi nombre y me dijo, "oye, no hago esto con mucha frecuencia, pero es que me has parecido preciosa, ¿tienes novio?", a lo que yo, me quedé completamente en shock, me eché a temblar y le dije que sí, que tenía novio.

Él me dijo, bueno pues entonces lo siento, y cuando iba a volverse a su taxi, me dije a mí misma, pero qué narices, ¡yo quiero que me inflen un poquito el ego! ¡Y más un portento así! Y le grité de vuelta, "oye, pero

205

bueno, dame tu número, que tenga novio no quiere decir que no podamos hablar". Así que el chico me dio su número de teléfono, se fue y comenzamos a hablar.

Lo que nos decíamos era básicamente que yo "había hecho caso al destino" porque no me parecía normal que yo estuviera hablando de lo guapo que era y que de repente él parase el coche y me dijera eso. Pero que tenía novio, que estaba super enamorada de él y que básicamente no había nada que hacer y de hecho me sentía bastante mal por tener esa conversación "inocente" con él, pero así era la realidad. También le contaba eso. Que qué mala novia por hablar con él.

Habiendo quedado claro que tenía pareja, empecé a interesarme por su vida y me terminó contando que le había puesto los cuernos a su novia de toda la vida estando embarazada, con una enfermera y que ahora se sentía la mierda más grande del planeta. Desde ese momento, lo comencé a ver como un amigo y a los dos días de hablar, me dijo que estaba en la puerta de mi casa y si me apetecía bajar a verlo.

Me cagué viva porque este chico, debía pensar que tenía algún tipo de opciones conmigo a lo cual, fui super tajante y le dije la verdad: que era guapísimo, que el cachondeo nos gusta a todos, pero que estaba muy enamorada. A lo que me contestó que yo no tenía ni idea de lo que estaba haciendo mi novio fuera… Otro golpe bajo, pero defendí a mi novio a muerte y dije que nunca lo sabría pero que la solución no era serle infiel a nadie.

Dejamos de hablar paulatinamente y me dijo que si alguna vez necesitaba un taxi, que lo avisara.

Una semana después, después de un cumpleaños de una amiga y después de una mini discusión con Voldemort porque nunca salía de él llamarme y volver a sentirme pequeña y dependiente del móvil, quise ponerme a prueba:

Avisé al taxista y en cinco minutos vino a recogerme. Cualquier persona podría pensar que lo que iba a ocurrir estaba cantado, pero no fue así. Yo no quería hacer nada con él. Solo quería saber si todavía podía ser atractiva para alguien.

Vino, me recogió, me llevó a mi casa, me dio un abrazo y jamás volvimos a hablar. Yo quise medir mis fuerzas. Quise ver si me podía atraer alguien más. Mis fuerzas, mi poder de seducción, llámalo X, pero necesitaba sentirme vista, por lo que fue un buen chute a mi autoestima, que en aquellos momentos ya empezaba a estar bajo mínimos.

Pero me quedó todavía más claro que si un tío así, mucho más guapo que mi novio, no me atraía, nadie más lo haría. Nunca había tenido tan claro mi amor y lealtad por alguien así que dejamos de hablar para siempre.

Esto más adelante saldrá a colación, así que retenedlo.

Voldemort y yo teníamos planeado vernos en Costa Rica, pasar unas vacaciones en ese país y también en Bocas del Toro en Panamá, aprovechando que él estaba "cerquita" o lo que viene siendo en el mismo continente, aunque no todo salió según lo previsto.

Un día antes de irme de vacaciones debuté con una hernia cervical que me puso a llorar literalmente del dolor.

Ha sido el dolor más grande de mi vida. Un pinchazo en el cuello enorme que se desplazaba hacia la mano, sintiendo calor, dolor, tirantez... fue horrible.

No podía levantar los brazos, no podía conducir, no podía dormir y entre lágrimas, desesperada por el dolor, mis padres me llevaron al hospital donde me pusieron todo lo ponible por vena y, aun así, no se fue del todo el dolor que tenía, pero al menos, no tuve que cancelar las vacaciones.

Viajé cargada de pastillas: Diazepam cada ocho horas, Nolotil y Enantyum alternados y Tramadol con paracetamol.

Les faltó prescribirme morfina y creo que no me hubiera venido ni mal porque ni con todo ese arsenal me dejó de doler.

Y la cuestión es que, dos días después de la hernia y un día después de coger vacaciones, me pude ir a Costa Rica donde estaba esperándome el susodicho.

Este viaje para mí y a pesar del dolor fue una auténtica preciosidad. Me encantaba todo. Disfruté de todo y cuando digo de todo es de todo, pero me dio mucha pena ver que a pesar de que yo, estando en las condiciones en las que estaba, era capaz de sorprenderme con cada cosa que veía, a él todo parecía venirle pequeño.

Que el lugar a donde nos llevaron a hacer snorkel le pareciera una mierda y se indignara por eso, que nos lloviera en Costa Rica en época de lluvias, que le picase un mosquito y dijese que se piraba de allí y efectivamente nos fuimos al coche, que las playas paradisíacas estuvieran llenas de "panchitos costarricenses" ... es que ¿cómo se les ocurre viviendo allí? De verdad, ¿ir en su todoterreno a hacer botellón a la playa? ¡Qué poco glamour! ¡Qué accesible para todo el mundo y qué poco original, especial e interesante hacer lo mismo que podía hacer todo el mundo! Por favor, que se note mi ironía. Y bueno, que tuviéramos un pequeño problema con el coche de alquiler tampoco ayudó.

Por su curro y por la cantidad de viajes que había hecho, creo que el mundo, coche y transportes los controlaba él mucho más que yo, así que reservó el vehículo con una tarjeta de débito sin asegurarse que aceptaba débito.

El tema del coche hizo que empezásemos el viaje con el pie torcido y aunque lo conseguimos solventar, me dio la sensación de que tenía tanto mundo visto, que era muy complicado sorprenderlo para bien.

Parecía cansado, hastiado... como si prefiriese estar en cualquier otro sitio. Y eso hizo que yo me sintiera pequeña y muy conformista por poder ser feliz con cosas tan "pequeñas", pero es que para mí no era pequeño poder estar en la otra punta del planeta, en un país donde nunca había estado y con la persona que más quería de este mundo después de casi 2 meses sin verla.

Todo lo que vieron mis ojos en ese viaje, para mí se queda, pero si tuviera que elegir algo concreto sin duda sería este momento: íbamos de vuelta al hotel en Panamá, en plena noche, cuando de repente nos encontramos con un caimán atravesado en la pasarela de madera, el único camino para llegar al hotel. Ese momento, para mí, se queda. No puedo evitar sonreír cada vez que lo recuerdo. Al caimán lo espantó Voldemort con un palo y creo que fueron los 10 segundos más excitantes de mi vida a la par de cuando me pusieron a 240 km en el circuito del Jarama.

Gracias vida por haberme dado la oportunidad de vivir esa experiencia tan loca, divertida y salvaje a la vez, que nos sirvió para chistes internos durante años.

En la salud y en la enfermedad: Papiloma, eosinofilia y devaluación

Está claro que, en una relación, hay momentos buenos y malos. Yo recuerdo muchos momentos buenos y los sentimientos que yo tenía en ese momento.

Fui muy feliz. Eso fue real. Para mí fue muy real. También es cierto que me faltaba mucho contexto y mucha información y que, si ahora hubiera tenido toda la información que tengo ahora, probablemente, no hubiera sido feliz. El paso del tiempo y el poder alejarse de los hechos, te da perspectiva. Y lo más importante. Te devuelve la voz.

Yo me pasé mucho tiempo callada. Intentando no molestar. Pensando que, tenía a la persona más especial del mundo a mi lado y como mínimo, yo tenía que ser la mitad que buena de lo que era él en todo.

Me exigí muchísimo a mí misma y no me arrepiento de haber dado lo mejor de mí, pero sí me arrepiento de haberme censurado a mí misma. De haberme quitado importancia a mí misma. De no escuchar mi intuición. Mis sentimientos y esas sensaciones que muchas veces mi cuerpo me enviaba diciéndome que pasaban cosas que no eran normales.

Que había ciertos comportamientos que jamás deberían ocurrir y en lugar de expresarlo, me cuestionaba a mí. Me decía que estaba exagerando y que todo me iba bien. Que solo tenía que seguir cuidando esa relación que siempre quise tener.

Fue a partir de ese momento, cuando mi cuerpo comenzó a gritar. Una hernia cervical justo antes de las vacaciones y que coincidió con un pico de estrés muy importante en el trabajo y con la sensación de no sentirme prioridad para él y tampoco poder decírselo abiertamente porque sentía que no lo compartía y que tampoco quería comprenderme. Y mi papel fue no molestar. Callarme las cosas. Porque me las callé.

Siempre he tenido una salud de hierro, pero no sé qué ocurrió en 2022 que todo empezó a torcerse. Después de la hernia cervical, vino algo mucho peor.

Tuve una revisión ginecológica por el VPH que, para quien no lo sepa, es un virus que tiene la mayoría de la población sexualmente activa con varias parejas. En mi caso, había producido lesiones de bajo grado en el cuello del útero que requerían vigilancia.

Al principio no parecían graves, pero portaba la cepa más peligrosa: la número 16. Esta variante puede derivar en cáncer si el cuerpo no la elimina, y yo llevaba más de un año con ella. Desde que conocí al "sargento de Vox", para ser exacta.

En esta revisión "rutinaria" que tuve en octubre del 2022, los médicos me dijeron que no tenía una lesión de bajo grado sino que era de alto grado... o para ser más precisos, un precáncer que había que intervenir de manera inmediata y de paso, ver cómo de extendido estaba en el quirófano y hacer también una prueba en anatomía patológica para tener la certeza de que eran células tumorales.

Me asusté mucho, me sentí una rata por no haberme vacunado antes por lo carísimas que eran las vacunas, aunque por aquel momento solo me faltaba por ponerme una dosis y comencé, por intentar quitarle hierro al asunto a llamarme "la cuellos" a mí misma. Tenía los dos cuellos fastidiados a la vez. El humor, que nunca falte.

Me dieron cita para operarme en diciembre, que eso, en la sanidad pública era una auténtica barbaridad, de lo rápido que fue todo. 1 mes y 1 semana después, ya tenía las pruebas de anestesia y analíticas incluidas. Todo listo para entrar a quirófano.

Yo vivía sola en mi piso en Madrid. Toda mi familia estaba en Jaén y mi madre y mi hermana querían venir ese día. Yo hablé con Voldemort que me dijo que podía quedarme esos días de postoperatorio que estaría más impedida, en su casa y así me cuidaría. Me pareció bien y útil, porque no sabía si iba a poder moverme.

Le dije a mi madre que no hacía falta que viniera, pero se empeñó en hacerlo. Y menos mal.

El día de la operación, yo pensaba que iba a ser ingresarme y ser trasladada al quirófano de manera directa, pero resulta que no me metieron hasta última hora de la mañana. Voldemort no había avisado en el trabajo. Se fue y me dejó en el hospital. Yo estaba angustiada y con bastante preocupación.

Menos mal que mi madre no me hizo ni caso cuando le dije que no viniera y vino. Estuvo conmigo toda la mañana animándome. No paraba de decir menos mal que he venido, ¿pero tu novio no había dicho nada en el trabajo

213

de que hoy te operaban? Yo solo le decía no lo sé mamá y recuerdo que me sentaba fatal que lo pusiera en duda.

Tenemos trabajos precarios, en los que hay que cumplir... yo sé que si hubiera sido del revés me hubieran tenido que atar a la cama para no pedirme el día y estar pendiente, pero me repetía a mí misma que no podíamos pretender que todas las personas actuásemos igual.

Quise comprender con todas mis fuerzas que para él su trabajo era prioritario porque era muy responsable, aunque yo no hubiera hecho lo mismo. No entré en el quirófano hasta primera hora de la tarde y me pasé otras 2 horas en reanimación, hasta que pude ir al baño y comencé a tener tolerancia.

La operación salió genial, fue muy rápida y no sentí absolutamente nada. Ni siquiera la epidural. Cuando salí de allí mi hermana se había tenido que volver a Málaga, pero mi madre seguía allí y Voldemort, llegó un poco más tarde, con mi coche para llevarme a su casa con mi madre.

La primera noche pasaríamos allí los tres y luego, mi madre se iría y yo me quedaría con él.

Cuando mi madre se tenía que ir, noté que no estaba tranquila dejándome con él. Yo no paraba de decirle que no se preocupara porque era cierto que me estaba recuperando muy bien.

Con perspectiva, como os digo, las cosas se ven de otra manera. Su indiferencia con temas de salud ocurría de manera recurrente. Y yo, estaba tratando de taparlo. Ni siquiera sé si en el trabajo comentó que yo tenía una operación importante por un puto precáncer. Sospecho que no. Para qué.

Unas semanas después de la operación, comenzó a ocurrirme algo muy extraño a nivel digestivo. Comiese lo que comiese y bebiese lo que bebiese, comenzaba con un dolor de estómago atroz y también con unas diarreas que me tenían literalmente temblando.

Al principio pensé que se trataba de una gastroenteritis y que algo me habría comido en mal estado en Navidad, pero era la única que estaba mal de toda la familia así que no sé si fue alguna bacteria u otra cosa que cogí en el quirófano o el qué.

La cuestión es que pasaban las semanas y semanas y yo no mejoraba. Me hicieron varias analíticas y me vieron una eosinofilia muy elevada. Esto es la elevación de un tipo de células defensivas en la sangre que se suele dar cuando hay parásitos o infecciones fuertes, pero no encontraban un motivo. Recuerdo como una noche trabajando me estaba literalmente retorciendo del dolor y no pude más. Tuve que dejar mi puesto de trabajo y me fui a urgencias. Avisé a Voldemort por teléfono y recuerdo que le dije "cariño me encuentro muy mal, estoy llegando a urgencias porque necesito que me pongan algo para el dolor… me he tenido que ir del trabajo".

Yo, que nunca he cogido una baja en la vida salvo el día de después de la intervención del papiloma, tuve que irme echando leches del trabajo a urgencias.

Tengo su respuesta tatuada en mi mente, después de decirme que lo sentía mucho por mí, que hay que ver qué faena, lo que terminó diciendo fue un "Vale. Ve diciéndome".

Además de todo el dolor que tenía encima, me quedó cara de tonta.

¿De verdad no iba a venir?

Efectivamente, no vino.

Me quedé en urgencias, me cogieron una vía, me pusieron un calmante que me quitó el dolor, me pusieron un antibiótico para el estómago y me dijeron que seguía con este tipo de células muy altas sin que supieran explicarme el motivo. Y sobre las 3 de la madrugada me dieron el alta y me fui sola a mi casa.

No lo procesé. Recuerdo que me decepcionó terriblemente su actitud, pero por miedo a decepcionarlo yo, no le dije nada.

Comenzaba a pensar que estaba sola. ¿De qué sirve tener una pareja si en tus peores momentos no está? ¿Habría hecho yo lo mismo?

La respuesta era más que evidente. Ni de coña habría hecho lo mismo, y no me seguía pareciendo tan normal que no saliera de él. Creo que fue la primera vez que, estando dentro de la relación, algo me decepcionó de verdad. Mucho. Y llegué a pensar que había algo en él que no estaba bien. Solo podía ser eso o que no me quería. Y no podía no quererme, porque él decía que me quería, y jamás habíamos discutido en el año y pico que llevábamos conociéndonos.

He de decir que jamás se me pasó por la cabeza dejarlo por eso, ni siquiera comentárselo. Me quedé tan descolocada que simplemente lo ignoré. Ignoré que ese comportamiento no era el que debe tener una pareja en un momento jodido.

Trabajando juntos

En estos últimos meses del 2022, no solo yo pasé por momentos complicados, sobre todo, desde un punto de vista de salud. Él tuvo algún que otro contratiempo laboral.

Recuerdo que trabajando en un concurso que le gustaba mucho, la jefa de producción decidió no contar con él y con otra compañera para la siguiente temporada. Él estaba feliz en ese formato y me supo super mal por él. No entendía cómo había podido ocurrir. La cuestión es que se me cayó el alma de verlo mal.

Cuando la jefa le llamó para decírselo, recuerdo la de huevos que le echó y cómo dijo las cosas de claro. Lo admiré todavía más. Por esa valentía, por no dejarse pisotear, por decir la verdad a la cara. Y por supuesto, lo animé a muerte y le hice saber que obviamente él tenía toda la razón. Pero sí ocurrió que dijo una frase que hoy en día todavía me resuena. "Tú no tienes ni idea de quién soy yo" ... ¿Quién era realmente él para permitirse lanzar ese tipo de amenaza a una jefa de producción?

En este mundillo de la televisión, no lo veo nada raro que al final, en algún proyecto no termines cuajando con tu jefe y no quieran contar contigo. Hay demasiados egos. Traté de hacérselo ver. Le dije que gente idiota había en todos los sitios, pero lo vi especialmente jodido.

Probablemente fuese la primera vez que le ocurría algo así. Intentó mover cielo y tierra escribiendo a todo el que pudo escribir. Al productor ejecutivo, al productor más ejecutivo todavía... en fin. Hizo lo imposible pero esa vez, no se salió con la suya y no pudo seguir trabajando en ese proyecto, así que, después de unas semanas en paro, recuerdo que en mi productora comenzaban a moverse proyectos y pasé su currículum tanto para mi empresa como para otra.

En esta otra empresa, viajaban mucho y era consciente que eso podía significar verlo menos aún, pero sabía que su currículum era perfecto para ese puesto. En esta última lo tantearon, pero no lo llegaron a coger. Sin embargo, en la mía, sí. Esto fue bastante curioso porque terminamos compartiendo oficina, pero estábamos en proyectos diferentes y más adelante, también lo tantearon de la otra, aunque no lo llegaron a llamar.

Me sentí muy orgullosa de haber podido ayudar a la persona que más quería. Aunque creo que mi empresa no era exactamente su lugar favorito para trabajar, ni por salario, ni por trabajo, por lo que en cuanto consiguió algo mejor, se fue.

Algo que tampoco resultó ser mejor que el trabajo que tuvo, pero gracias a eso, también hizo que los dos termináramos embarcándonos en el proyecto laboral más ambicioso en el que yo he estado jamás y el más duro, pero esa historia, ya la sabéis un poquito de antes. Ahora terminaré de profundizar aquí, pero a nivel más personal y sentimental.

Sobreviviendo, devaluando y triangulando

Esta etapa la conservo en mi mente entre mucha neblina. Hay recuerdos que tengo muy nítidos y otros de los que apenas recuerdo nada...

Creo, sin lugar a duda, que el 2023 ha sido el año más difícil de mi vida. Y que diga eso justo después de haber sufrido una hernia cervical y una operación por un precáncer en 2022, creo que habla bastante de la cantidad de ansiedad y dolor que tuve que soportar durante ese año.

Empezamos con la etapa más difícil de mi relación con Voldemort.

Este trocito de libro coincide con el capítulo "Lo malo de la tele" y con la peor experiencia televisiva que viví, pero separarlas es imposible.

Quizás porque el que fuera la peor experiencia televisiva también tuviera que ver con que yo me centrara en mi pareja en exceso.

Así que intentaré que no suene repetitivo respecto a todo lo contado anteriormente y me centraré en cómo me hicieron sentir determinados comportamientos que tuve que vivir y que no le deseo a nadie.

Todo comenzó con esa oferta de trabajo. O, matizando mejor: con la oferta de trabajo de mi vida. Me pareció una pasada que me cogieran para ese trabajo.

La cuestión es que yo quería vivirla. Siempre veía como Voldemort viajaba una y otra vez y yo me quedaba cual doncella esperando en un puerto a su amado y me apetecía darle la vuelta a la tortilla, por la mera razón de que la relación estuviera equilibrada. Porque me comprendiera.

A veces, para que una relación esté en equilibrio y podamos ponernos en el lugar del otro, es importante vivir ciertas situaciones. Porque hay momentos en los que contar cómo nos sentimos no basta. Hay que vivirlos.

Yo sabía que, si nos alejábamos, yo estaría presente. He tenido tres relaciones a distancia, y en todas he sentido a mis parejas muy presentes, igual que yo con ellas. Con él no era así.

Desde el principio no fue así, pero siempre he pensado que a las personas que queremos no hay que cambiarlas, sino quererlas como son. Y eso intenté hacer con él. Quererlo como era y adaptarme a él.

Yo quería que viera que yo también era capaz de tener buenas ofertas laborales y que me admirase tanto como yo lo admiraba a él. Quería sentirme vista.

Pero de nuevo, y contra todo pronóstico, también lo tantearon a él para venirse y, según él, como yo iba y era mucho tiempo a distancia y su trabajo actual tampoco le gustaba mucho, decidió venirse.

El resultado fue que ambos trabajaríamos en ese proyecto, lejos de casa y viviendo juntos. Para ello, él viajó al destino un mes antes que yo, que me incorporé un mes después con el resto del equipo.

Él comenzó a conocer a los compañeros de su departamento antes. Cuando llegué, era la primera vez que íbamos a convivir y nos dijimos que, si nos llevábamos bien, que quizás a la vuelta fuese el momento de irnos a vivir juntos.

Recuerdo que esto fue propuesta mía, pero que a él le pareció bien. Y si no le pareció bien, al menos, a mí no me lo dijo.

Yo estaba emocionada. Para mí era todo nuevo. Me moría de las ganas de poder compartir con él esa experiencia tan abrumadora, aunque a la vez, volví a sentirme pequeña porque para él todo era "repetido". Ni era la primera vez que viajaba, ni era la primera vez que hacía ese formato, ni era la primera vez que lo hacía con una pareja.

A mí, esta situación hizo que yo misma me pusiera una presión encima de querer hacerlo memorable por él, para que se acordara siempre. Para estar a la altura. Para que estuviera orgulloso de mí.

Y siento mucho no haberlo conseguido. Aunque ahora no por él, sino por mí. Estuve tan centrada en esa persona, que no me centré en mí y ese fue mi mayor error. ¿Cómo es posible que un proyecto que quiero hacer para tener equilibrio en mi vida pudiera terminar desestabilizándola tanto?

Cuando llegué al destino, sabía que él había conocido ya aparte del equipo y en esa parte del equipo había una chica guapísima que iba a tener que trabajar con él, día tras día.

Yo no tenía miedo. No tenía ninguna inseguridad. Estaba tan segura de que me quería y de que yo le quería a él y de que lo que teníamos era tan especial y genuino, que no había nada que me preocupara lo más mínimo con él.

Las primeras semanas, él me presentó a una parte de los compañeros de su departamento, organizamos alguna que otra cena con ellos y también alguna pequeña excursión antes de empezar de lleno a trabajar, pero pronto me empecé a dar cuenta, de que apenas coincidíamos con frenético ritmo de trabajo.

Él siempre libraba los viernes y yo no libraba un viernes hasta mes y medio después de llegar. Literalmente solo lo veía en las noches, las cuales yo llegaba agotadísima porque el trabajo era físico y mental, madrugábamos muchísimo, el sol calentaba muchísimo y eran muchas, muchas horas de trabajo.

También recuerdo que cuando yo lo veía trabajar a él, con ese carisma, con esa sonrisa y ese buen rollo que llevaba siempre hacia donde iba, hacía que me derritiera. Me encantaba. No he conocido nunca a nadie por quien haya sentido tanta ternura y amor como por él.

Pero poco a poco, conforme mi situación laboral y social allí comenzó a decaer, también lo comenzó a hacer mi relación, aunque esto último no fuese tan evidente.

No os imagináis lo que me cuesta intentar escarbar en mis recuerdos en esta etapa. Fue tan doloroso, que o paso de puntillas, tratando de no recordar los detalles o no puedo evitar que dos años después sigan brotando lágrimas de mis ojos.

Realmente ha sido la experiencia más dolorosa de mi vida junto con todo el año que le siguió.

Como he comentado en el capítulo de lo malo de la tele, en este proyecto comencé a tener mucha mala suerte.

Todo comenzó con la lesión que sufrió mi cámara. Eso hizo que todo se me desestabilizara. Este chico que se lesionó había trabajado muchas veces en el formato, tenía mucho callo y, con él, me sentía bastante segura; además, a él lo respetaban. Algo que yo no conseguí que ocurriera conmigo.

La cuestión es que, entre la aracnofobia que descubrí allí que tenía, mi miedo a coger vaginosis y candidiasis (recién operada de la conización y rodeada de humedad) junto con los saltos que dábamos en algún que otro método de transporte, me tenían bastante preocupada.

A eso le sumamos: el estar un día con un compañero y al siguiente con otro; el intentar adaptarse a todos y cada uno de ellos; el comprender cómo trabajaba cada uno; el intentar plasmar todo eso y no perderte nada; comunicarte con los compañeros más veteranos... Y esto no siempre era fácil. En especial con dos de ellas, que o bien no te escuchaban o, si lo hacían, seguían como si nada les hubieras dicho.

Lo pasé mal. Me sentía inútil y torpe, como si no las viera venir. Incluso vieja. Me sentía mayor por asustarme por algunas cosas que podían repercutir en mi salud.

Después de la famosa reunión, en la que la cagué por llevar la contraria a mis compañeros y el director me humilló, comencé a intuir la verdadera cara de mi pareja en ese momento.

Cuando salí de allí, no paraba de llorar. Escribí a mi ex y le conté el panorama por encima por WhatsApp. Mi ex, como ya os conté, me preparó unas partidas de mesa con compañeros para desconectar. Pero estando allí, y para evitar llorar delante de toda esa gente, le dije en voz alta: "Bueno, yo me voy yendo", a lo que él respondió con un: "Vale, yo me voy más tarde. Luego te veo, preciosa".

Me quedé totalmente descolocada. Di por hecho que iba a venir conmigo para que le contara. Al fin y al cabo, eso de preparar juegos de mesa, lo había hecho para que estuviera bien, ¿no? No entendía nada, pero me sentí completamente sola.

Llegué a nuestro apartamento y comencé a llorar desconsolada. ¿De verdad iba a dejarme sola en el peor día allí? ¿Aun sabiendo que estaba mal? ¿Aun habiendo visto cómo me había ido sola?

Le escribí y se lo dije. Él volvió y visiblemente molesto, me dijo que pensaba que yo estaba bien porque me había visto bien delante de la gente. Y era verdad. Pero el sacar el tema de ese señor delante de todo el mundo me había vuelto a remover y no me apetecía que nadie me viera mal.

Me apetecía contarle a él y a él parecía que todo lo que tuviera que ver conmigo y mis problemas le daba igual. Pensé, una vez más, que cuando más falta me hacía, no estaba. Ni en la enfermedad, ni en lo chungo. ¿Era normal esto? ¿Qué él no me necesite a mí para nada hace que yo

225

no deba querer que él me acompañe en mis peores momentos?

Estaba muy confusa, pero por mi situación laboral, pronto toda esta confusión con él pasó a un segundo plano por un mero hecho de supervivencia, nunca mejor dicho.

A partir de ese momento, yo comencé a estar peor y cada vez peor en el trabajo. Tuve que ir con un cámara y otro, completamente mareada y cuando llegó el nuevo sustituto de quien se había lesionado, un chico maravilloso, que tuvo una paciencia increíble conmigo y que perdió 7 kilos en un mes de toda la tralla que nos metían, tuve un encontronazo con él.

Fue un malentendido, pero pensar que yo ya me había cavado un hoyo con mis compañeros veteranos, que mi chico no estaba cuando tenía que estar, que yo iba cambiando de cámara y que encima había discutido con este nuevo... Sinceramente, sentía que no podía con más frentes abiertos.

De nuevo, este malentendido fue porque pensó que yo le estaba "vendiendo". No sé qué narices pasaba en ese programa que todo el mundo quería evitar que les vendiesen. Yo nunca había vendido a nadie. Siempre se me ha considerado una buena compañera y por eso no entendía cómo narices esa etiqueta, junto a la de inútil, podían estar asociándose a mi persona. Tampoco comprendía cómo todo tu alrededor parecía saberlo todo y dar por hecho como se supone que eras sin haberte dado la oportunidad de conocerte.

Por último, no entendía por qué la gente daba por hecho que, por el hecho de vivir con mi pareja, yo no iba a estar sola, o tendría apoyo o no estaría mal.

No ha habido momento en mi vida en el que yo me sintiera más sola que en ese. Tener esa pareja ahí y no tenerla eran lo mismo, pero no podía verlo en aquel momento. Es como si mi mente hubiera decidido que no podía con más problemas.

Lo siguiente que ocurrió fue que vi a mi ex, haciéndole cosquillas a su compañera, la guapa, en el comedor. No olvido que fue en el antebrazo. Él estaba a la izquierda y ella a la derecha y siguieron como si nada. Yo los vi, los miré e intenté no pensar nada raro. Intenté no darle importancia. Me senté con ellos, estuvimos hablando y cuando nos fuimos de allí, le pregunté por las cosquillas y me dijo que no le había hecho cosquillas a nadie. Que eso no había pasado. Y si había pasado. Delante de mis narices.

Pero lo dicho... Tenía preocupaciones más grandes en mi mente como para pararme en la tontería de que mi chico le hiciera cosquillas a una compañera o no. Qué más daba. Luego comprendí que esto de hacerte creer que has soñado o algo que has visto con tus propios ojos no ha existido es *Guslighting* y es una forma de manipulación.

En esa época, fue también la primera vez que me rechazó en la cama. Todavía lo pienso y me da vergüenza, como si la que hubiera hecho algo malo fuese yo. Tampoco le di importancia. Estaría cansado. Echábamos muchas horas. Es un trabajo bastante agotador, aunque he de decir que mi trabajo era agotador. El suyo, salvo los días de directo, no lo era tanto.

A estas alturas, debíamos llevar allí como 2 meses y todavía nos quedaba la mitad, pero mis compañeros, los novatos, los que, como yo, trabajaban en su primera edición, comenzaban a terminar sus contratos. De manera escalonada. Dos semanas después se iría uno, tres después otro y un mes después, no quedaría nadie de los nuevos salvo yo, que sí que me quedaba la producción completa y eso significaba que yo me quedaba sola, con los veteranos, que me habían hecho la cruz y si no me la habían hecho, yo era invisible para ellos y también para mi pareja.

Esa idea, de verme sola, sin nadie con quien comer, me aterrorizaba. Ya lo había vivido en el colegio y no hay una sensación peor que la de ver que no tienes a nadie y la de que vean que no tienes a nadie. Y que la dirección vea que nadie te aguanta. Porque, además, allí estábamos mezclados todos con todos.

En un acto de buena fe, y de intentar hacerme la vida más fácil para los meses que faltaban, decidí ir a ver a dirección y preguntar cómo me veían. Joder, había sido duro, pero me había adaptado a una barbaridad de cámaras diferentes, yo me veía mucho más segura trabajando, comenzaba a entender el formato y me sentía totalmente válida.

En qué momento haría eso. En qué momento. Las palabras que me dijeron todavía resuenan en mi cabeza.

Lo peor de toda esa reunión, fuera las palabras de devaluación que me dijo dirección en referencia a mi pareja: "y tu chico, tu pobre chico... en fin", dando a entender que yo era una cruz o algo parecido para mi novio.

Yo a mi chico le veía a la hora de dormir y punto porque apenas coincidía con él y yo a mi chico le contaba lo mínimo precisamente por el miedo a fallar y el miedo a no estar a la altura.

Ese comentario me destrozó y llegué directa a contárselo a mi ex.

Lloré. Lloré muchísimo. Recuerdo verlo muy preocupado. Yo le decía ¿Ahora qué? ¿Me voy de aquí? ¿Verdad? No me quieren aquí, así que algo tengo que hacer...

Me dijo que me lo pensara bien, pero que él no quería que yo me fuese. Aún eran dos meses de distancia si me iba y se iba a hacer complicado.

Decidí quedarme porque me lo pidió. Porque me dijo que seguro que iba a estar mejor.

Para mí lo más importante era que todo aquello no afectase a mi relación con él, aunque yo debía estar muy ciega porque solo estaba recibiendo señales que yo ignoraba una y otra vez, imagino que, porque nuestro cerebro clasifica sus luchas en función de la urgencia de estas, y que mi relación se fuese al traste, cuando continuamente tenía que sobrevivir trabajando para pasar desapercibida o no tener ninguna desavenencia en el trabajo, era el menor de mis problemas.

Al día siguiente, teníamos una excursión organizada con un grupo de compañeros. Recuerdo que yo ese día estaba medio ida, super abatida y triste por lo que me habían dicho el día anterior. Me daba vergüenza hablarles a los demás compañeros, tanta que prefería estar callada, y solo quería estar al lado de mi ex. Me sentía muy vulnerable.

Hubo un momento en que paramos para ver una especie de subida en una montaña, y él subió detrás de la chica mona de su departamento. Yo intenté seguirlos, pero se perdieron delante de mis narices y no fui capaz de encontrarlos. Fue como si hubieran echado a correr para alejarse de mí.

Me quedé pensando: "¿Se estarán dando el lote?" ... Y recuerdo decirme a mí misma: "No puede ser, tienes que pensar en otra cosa porque te estás desquiciando. Eso no está pasando. Eso está solo en tu cabeza porque estás mal..."

Cuando bajé, después de intentar encontrarlos, los dos estaban abajo. Ni idea de por donde habían bajado, pero allí estaban... ¿Me estaba volviendo loca de verdad?

Años después, sigo teniendo pesadillas con esa escena.

Cuando bajaron, le pregunté dónde habían estado. Me dijo: "En el mismo sitio que tú, pero bajamos enseguida".

El truco era no pensar. Mis percepciones ya no eran fiables.

Con esa sensación me pasé todo el tiempo que siguió. Me planteé dejar el trabajo una y otra vez, pero finalmente, pensé que mi relación estaba por delante.

Una noche, salimos de "fiesta", porque en ese lugar, que era un hotel, no podíamos hacer gran cosa salvo ir a tomar algo al bar del sitio y terminar en la habitación de alguno escuchando música, así que acabamos en el despacho de una "medio jefa", que iba igual de borracha que nosotros y en medio de la "borrachera" nos sacó un bote de Nutella y nos lo puso en la mesa.

Yo, con mi pensamiento de borracha, interpreté de manera automática que era para comérnosla, y a comer que me puse como si no hubiera un mañana, mientras todos me seguían y comían conmigo. Solo recuerdo decirle a esta 'medio jefa': "Verás cuando se entere tu marido". No sé a qué se refería exactamente, pero esa noche me lo pasé genial.

Cuando me desperté al día siguiente, se lo conté a mi expareja y él montó en cólera. Por lo visto, su departamento y esta 'medio jefa' compartían despacho y la Nutella que nos comimos la noche anterior era un "elemento de trabajo" que había comprado mi chico para el programa de esa noche. Nada grave, teniendo en cuenta que tenía que comprar esa misma mañana y podía reponerlo por lo que le pedí que así lo hiciera y que actuase como si no hubiera pasado nada, pero él decidió que era mucho mejor montar un pollo, exponerme y dejar mal a la 'medio jefa' por no habernos impedido comernos la Nutella.

Le pedí que no lo hiciera, que no quería más problemas, que no quería más enemistad con nadie y a él le dio totalmente igual. Me expuso y la 'medio jefa' se enfadó conmigo y me dejó de hablar. Lo que viene siendo una buena puñalada por parte de mi pareja porque en su lógica no entraba mi miedo y según él, yo no tenía culpa de nada y no iba a pasar nada, pero como ya había tenido problemas varios con esta persona, a él le pareció la oportunidad perfecta para exponerla, aunque yo fuese un daño colateral. Otra pequeña muestra de que mi opinión valía bien poco para él y mi bienestar, bastante menos.

La cocinera: triangulando a tope

Faltaba cada vez menos para que por fin ese infierno acabase y recuerdo que coincidimos en un directo. Verlo trabajar sin camiseta y con esas ganas, seguía haciendo que me derritiese a pesar de los miles de banderas rojas que ya acumulaba a mis espaldas.

La última fue cuando vi a una compañera de trabajo, a la cocinera, para ser más exactos mirarlo con unos ojos con los que literalmente, le estaba devorando.

Comencé a fijarme y me di cuenta de que esta chica estaba siguiéndolo de un sitio a otro así que me acerqué a mi pareja y le dije, oye, yo creo que a esta chica le gustas porque tenías que ver cómo te está mirando. A lo que él se hizo el "sorprendido de que le mirase" y me respondió tranquilísimo, "anda pues puede ser".

No le di más importancia, pero un año después, por error de un amigo suyo descubrí que quien le estaba haciendo proposiciones indecentes a esta chica, era mi novio, pero no hagamos spoiler, os lo cuento un poquito más adelante.

Los meses siguientes empeoraron: mis compañeros abandonaban el formato y yo me quedaba cada vez más sola. Le rogué a mi ex que me avisara para cenar, porque me aterraba comer sola. Aunque solía hacerlo cuando yo le escribía preguntando dónde estaba, él nunca tomaba la iniciativa. Hubo un par de veces que, al no poder contactarlo, terminé cenando sola, uno de los momentos que más ansiedad me generaban.

Mi mantra en esos días era decirme a mí misma, "ya queda poco" o "mejor estar sola antes que estar con quien no te quiere a su lado". Intentaba convencerme a mí misma de que no pasaba nada si estaba sola conmigo misma, pero no terminaba de convencerme esta idea. Me llevaba directamente a mi etapa de *bullying* en el colegio y no es de extrañar. Lo que sufrí en este trabajo, fue *mobbing*.

Hipoglucemia y ataques de ansiedad

Era el último día de emisión. La gala final y recuerdo que ese día, todos estábamos contentos. Mi chico comenzó a trabajar y yo también. Normalmente no coincidíamos, pero hubo un momento en el que, por razones logísticas, yo tuve que ir donde estaba él y alguien del equipo me dijo, oye no te preocupes, pero tu chico no se encuentra bien y lo van a llevar de vuelta al hotel.

Me entró algo por el cuerpo. Fui corriendo a verle y aunque no lo vi muy mal del todo, por lo visto le había dado una hipoglucemia y decidieron evacuarlo.

Yo tenía que quedarme a trabajar hasta que acabara la jornada, y me pasé el día preocupada por cómo estaría él. Cuando llegó la hora de volvernos, me comunicaron que tenía que quedarme allí a dormir y que no podía regresar al hotel.

Solo de pensar que no sabía cómo estaba él, que no iba a poder verlo ni cuidarlo, hizo que me quebrara definitivamente. Todo lo que había estado aguantando durante cuatro meses salió en ese momento.

Me dio un ataque de ansiedad y tuvieron que evacuarme a mí también. Solo estar a su lado y ver que se encontraba mejor hizo que me pudiera tranquilizar.

En esa experiencia, yo puse mi relación por encima de mí misma. Aguanté lo inaguantable y eso me pasó una factura tremenda a nivel personal. No es obligatorio quedarse en esos sitios. No tienes por qué aguantarlo todo.

Croacia. Mi último oasis con él

A la vuelta de **"este infierno televisivo"**, y como habíamos conseguido salir de esa experiencia habiendo sido capaces de convivir, decidimos que yo me iría a vivir con él y yo pondría mi piso en alquiler a unas amigas.

Yo me moría de las ganas por compartir esa nueva etapa con él porque para mí significaba dar un pasito más con él. Yo nunca lo había tenido tan claro con alguien y quería estar el resto de mi vida a su lado.

La cuestión es que a la vuelta organizamos un pedazo de viaje a Croacia. Y para no variar, yo no cambiaría ni una sola coma del viaje. Ni una sola parada. Nada de nada. Por fin yo volvía a encontrarme mejor anímicamente y no había nada que me gustase más que ver mundo con mi persona favorita y a la vuelta, comenzaríamos la etapa que más ganas tenía de empezar con él. El vivir juntos.

De este viaje me quedo con sus cánticos en la iglesia y mi panza de reír cada vez que hacía el idiota, nuestra complicidad, todo su cariño y lo pegajosos que estuvimos, y con el pedazo de excursión que nos pegamos en los lagos de *Plitvice*. Este sería el último viaje que haríamos teniéndolo yo en un pedestal y por eso lo recuerdo con tanto cariño. Porque después de este, no hubo más.

Convivencia y traición

Comenzamos a convivir en agosto del 2023. Nos organizamos abriéndonos una cuenta bancaria en común y recuerdo que hasta esa tontería me hacía ilusión porque era algo que teníamos los dos. Organizábamos nuestras listas de la compra y me recreaba las vistas cada vez que salía del baño cubierto en toalla porque no podía tener, para mi opinión, mejor cuerpazo.

Que esto otra dirá que no podía estar más delgado y tener menos culo y es verdad, pero a mi él me encantaba. Con o sin culo.

Era mi persona favorita y esas primeras semanas, me sentía la más afortunada del mundo por poderlo ver pulular a mi alrededor, aunque mi alegría duró poco.

Apenas unas semanas después, él tuvo que volver a salir de España por otro viaje. Esta vez por Europa, al menos, con el mismo huso horario por lo que yo pensé que sería más sencillo el comunicarnos. Yo me quedé sola, viviendo en su piso y aunque se supone que ambos vivíamos allí y que ese iba a ser nuestro hogar, el de los dos, yo seguía sintiéndome como una invitada en esa casa. Porque llevaba solo un mes viviendo allí y todo estaba a su gusto.

Las dos primeras semanas que estuvo fuera, todo fue fenomenal. Se comunicaba, me mandaba fotos de todo lo que estaba viendo y compartía conmigo sus preocupaciones sobre los problemas que estaba teniendo con la producción.

Recuerdo cómo me hablaba de su buena relación con su compañera y de los problemas que le iban surgiendo, estando en Rumanía.

Estaba muy preocupado de no poder conseguir lo que le pedían y que quedase expuesto y finalmente, tuvieron algún que otro contratiempo, pero cuando esta fase de grabación concluyó y avanzaron a la siguiente, en Venecia, noté como comenzaba a desaparecer.

Lo notaba cada vez más distante. Yo intentaba tirar de refuerzo positivo y decía, a ver si diciéndole lo buen novio que es y lo feliz que me hace y lo afortunada que soy con él consigo que le apetezca hablar tanto conmigo como a mí con él... pero no funcionaba.

Él seguía yendo a la suya así que, al día siguiente, no me quedó más remedio que trasladarle el malestar que me estaba ocasionando. Con toda la mano izquierda posible, aunque por dentro solo tuviera ganas de mandarlo a la mierda por egoísta, le dije que notaba que otra vez estaba más alejado de mí, menos presente y que lo notaba ausente.

Que lo echaba mucho de menos y que me gustaría que intentara estar un poco más implicado en los viajes. Me dio la razón y me dijo que a veces le pasaba, pero que no me preocupase que estaba bien.

Yo noté que algo pasaba... Era una sensación que ya había experimentado otras veces, pero esta vez, estaba viviendo en su casa, sabía dónde estaba su ordenador y casualmente, el día anterior mientras me secaba el pelo porque me lo secaba en esa habitación, le di sin querer al ratón y descubrí que se había dejado el ordenador encendido. Se encendió la pantalla y había una ventana de Google abierta por lo que pude ver el acceso a WhatsApp web anclado como acceso directo. Lo vi el día anterior y no le hice caso alguno.

El caso es que cuando me dijo que no me preocupase y que todo estaba bien, me dijo que ya se iba a ir a dormir.

Nos despedimos y yo seguía viéndolo en línea por lo que algo dentro de mí me dijo que estaba ocurriendo algo malo. Fue una sensación super bestia de que algo andaba mal por lo que le escribí que si estaba bien y me respondió que creía que le estaba dando una bajada de azúcar, siendo él diabético. Que ya se iba a dormir.

Pero seguía y seguía en línea y mi sensación de que algo estaba ocurriendo seguía y seguía cada vez más fuerte. De repente recordé el WhatsApp web anclado en la página de Google y su ordenador encendido y me dirigí a esa habitación mientras trataba de convencerme de que la sesión seguro que la había dejado apagada.

De repente, al clicar sobre el botón, para mi sorpresa se abrieron sus conversaciones de WhatsApp y ahí estaba la mía, sin leer y otra, con "Ale cp":

Hablaban de lo tórrido que había sido coincidir en un ascensor, de cómo ella le miraba a él devorándose, de cómo él se ponía muy nervioso, de cómo ella le decía que ella sabía hablar perfectamente con los ojos y lo peor llegó cuando Voldemort le dijo que menos mal que tenía cabeza ella porque si de él dependiera ya la hubiera liado y tenía pareja.

Y textualmente le dijo que vaya tetas tenía, que le encantaría comérselas y que seguro que las tenía riquísimas.

Y no se me van de la cabeza esas frases literales. Siguen ahí, dándome de hostias muchos y muchos meses después.

Se me cayó el mundo. Me eché a temblar. Volví a leerlo una y otra vez. No daba crédito.

Le llamé por teléfono y me lo rechazó, para variar. Me dijo que estaba compartiendo habitación y no podía hablar.

Mi respuesta fue una foto de su conversación.

Su respuesta fue "lo primero, cierra eso". Y eso hice. Y le hice otra foto con su sesión cerrada. Se la envié y le contesté "ya podéis seguir con los vuestro que no quiero interrumpiros".

Me dijo que no podía ocultármelo. Que lo había pillado. Que no tenía excusa.

Mi respuesta fue "¿Sabes que acabas de tirar a la basura toda la confianza que tenía en ti, ¿verdad?"

Me dijo que sí.

Me quedé en estado de shock. Intentaba estar tranquila, dormir. Hacer como si nada, pero no podía dormir. Se me acababa de caer el mundo encima. La persona por la que hubiera dado mi vida si hubiera hecho falta, me estaba mintiendo y no solo eso, sino que me estaba mintiendo mejor de lo que nunca me habían mentido.

Había utilizado una enfermedad suya para engañarme y mientras que yo le decía que estaba triste y que lo notaba distante, él estaba diciéndome que no era así, que era una exagerada, que no entendía como el día anterior le decía que tenía la mejor pareja del mundo y hoy le decía que lo notaba ausente mientras que a la vez y sin que le temblase el pulso estaba teniendo sexting con otra chica. Sin tener el más mínimo remordimiento porque todo lo que estaba fuera de tono en esa conversación venía de él y no de ella.

Acababa de romperme para siempre y yo todavía no lo sabía. Pero tampoco sabía que podía romperme mucho más.

Esa noche fue horrible. Quería hacer como que no había pasado nada. Descansar para trabajar al día siguiente porque tenía un viaje a León. O a Valladolid. No me acuerdo. Solo recuerdo que viajaba, que me recogían a las seis de la mañana para coger un taxi y de ahí ir a la estación para coger un coche de alquiler. Tengo muchas lagunas de esa noche y de ese día siguiente. No sé ni qué sitio fui, solo que allí vivía un señor que mandó cartas con explosivos a varias embajadas y oficinas oficiales españolas y que lo teníamos que buscar para el programa de Ana Rosa.

Intenté dormir, pero no podía parar de dar vueltas en la cama. Mi mente estaba sorprendentemente tranquila pero mi cuerpo no paraba de dar tumbos. Estaba muy inquieta. No sabía qué iba a pasar ahora. No me podía quedar en esa relación. No me quería. No sabía con quién había estado tantos años. No entendía nada. Llevábamos un mes viviendo juntos y habíamos superado la peor etapa juntos en ese proyecto fuera. Ahora se suponía que tocaba disfrutar el uno del otro y construir juntos. Pero él decidió que lo que estábamos construyendo no valía lo suficiente.

Recuerdo que me escribió y me dijo que no podía dormirse. Que lo sentía. Que se daba pena él mismo. Que no me merecía eso de él porque siempre lo había tratado muy bien. Yo recuerdo que tampoco podía dormir y que

241

se lo dije. Me dijo que le había subido la glucemia. Me lo creí y me preocupé por él. A pesar de todo, solo quería cuidarle.

El amor no se va de golpe porque te traicionen y yo seguía enamoradísima de esta persona. Me pidió que le esperase. Que quería hablar conmigo. Intentar arreglar las cosas. Ir a terapia. Que me había dado por hecho.

Me dolió muchísimo que me dijera eso. Siempre nos decíamos que no debíamos darnos por hecho. Y yo jamás lo hice con él. Cuidé mi relación como si fuese lo más valioso que había tenido nunca porque así sentía que valía. Modulé mi carácter. Jamás le elevé el tono. Nunca le insulté. Traté de comprender cosas de su comportamiento que jamás habría hecho yo. Lo justifiqué en situaciones injustificables. Siempre quise cuidarle cuando se encontraba mal. Cuando se ponía enfermo, me desvivía porque estuviera bien. Era literalmente mi vida entera. La cosa más bonita que podía tener y estar a su lado era lo que más feliz me hacía en el mundo. Y era la persona a la que más admiraba en este planeta… Hasta ese momento.

Mi admiración por él se fue de un plumazo. Y mi confianza también. La confianza estaba un poco tocada porque su comportamiento no se correspondía con sus hechos y eso hacía que yo viviera en continua duda porque mi cabeza quería creer todo lo que me decía que me quería, pero los hechos y mi cuerpo me decían que no estaban seguros. Y nunca me había pasado eso en otra relación. No me sentía segura con él. Sentía que tenía que luchar día tras día para ser vista, válida y querible por él. Por ser suficiente. Por estar a su altura. Era agotador no poder mostrarse vulnerable y cuando lo hacía sentir que había rechazo en él.

Nunca lo di por hecho. Y no me merecía eso. No me merecía ese golpe. En esos momentos no recuerdo muy bien qué hice. Creo que se lo conté a su madre, si no esa misma noche la noche siguiente. No sabía qué hacer. No era capaz ni de asimilar que él hubiera hecho eso. El verbalizarlo, el bajarlo del pedestal en el que lo tenía instalado se me hacía urgente.

No podía seguir ahí arriba ni un minuto más y yo necesitaba hablarlo para comenzar a creérmelo. Así que su madre, me pareció que era la mejor persona para asimilarlo, porque al igual que yo, debería de fliparlo.

Su madre me pidió que, por favor, esperase a que su hijo volviese y le escuchase. También me dijo que ella no perdonaría algo así. Me la creo.

Al día siguiente, lo primero que hice fue escribirle a su exnovia, contarle lo que había ocurrido y sabiendo yo, que a ella la engañó y tonteó con otra en su día, le pregunté si ella reconocía a esta persona. Ella me dijo que no. Que no se lo podía creer y que lo sentía mucho. O sea, ella se pensaba que jamás le había mentido a ella, pero yo sabía que sí porque él me lo había contado y también me había contado que ella cada día era más celosa... vamos a ver, ¿no iba a serlo? ¿Con qué clase de persona se suponía que había compartido los últimos tres años de mi vida? ¿Un experto en mentiras?

También al día siguiente y cuando viajé con mi compañero a grabar este reportaje, yo estaba completamente ida. Se lo conté para que comprendiera por qué no me concentraba y era incapaz de mantener una conversación y el primer golpe de realidad que recibí fue que él me hablaba de la relación como si ya se hubiera acabado.

Me preguntaba dónde me iba a quedar, a las amigas a las que se lo iba a contar, cómo iba a hacer la mudanza...

¿Se estaba dando por hecho que ante una situación así no había perdón posible?

Sí. Se daba por hecho. Pero yo quería perdonarlo. No quería que dejara de formar parte de mi vida. Y pensé: 'O lo perdono a él, o no perdono a nadie, porque lo que siento por él no lo he sentido nunca por nadie'. Y me quedé.

Tardó un día y medio en volver. Dejó el proyecto en el que estaba, en el que todavía les quedaban 2 semanas de grabación. Mintió y dijo que se tenía que ir por motivos familiares. Una familia de la que apenas hablaba una vez se iba de España. Yo.

Y cuando llegó y me vio, solo me decía que lo sentía. Que iba a ir a terapia. Me prometió el oro y el moro. Y yo le dije que no sabía si sería capaz de perdonarlo, pero que, tal vez entre los dos, lo lograríamos. Me aferré a la esperanza de que podríamos conseguirlo.

Intenté comprenderlo. Me eché toda la culpa: había estado mal en ese proyecto, lo había sobrecargado. Aunque en lo más profundo sabía todo lo que me había callado para no abrumarlo: las veces que lloré sola para no preocuparlo, las noches que no le pedí cenar juntos —aunque fuera el peor momento del día—, tragando soledad mientras el mundo se me venía encima, sintiéndome rechazada.

Me sentí devastadoramente sola, pero me convencí de que quizá era culpa mía: que él no quería a alguien débil, y yo lo había sido. Que no quería a una fracasada, y yo había fracasado. La vergüenza me corroía; incluso me creí responsable de su traición.

Intenté abrirme en canal con él. Comprender todo lo que le podía comprender. Podía comprender la tentación. El conocer a gente nueva e interesante y guapa cada dos por tres en países maravillosos a los que yo nunca viajaría. Pero no podía comprender que fuera él quien le dijera eso a ella.

Podría incluso tolerar que esta chica le dijera cosas a él y que él, en lugar de decirle que tenía novia, se hiciera el remolón, se dejara querer, dejara que le regalen el oído, pero mi mente no concebía que fuera él quien comenzara esa conversación. Que se inventara una hipoglucemia para que yo le dejara de molestar. Que me invalidara cuando le dijera que estaba ausente, cuando realmente lo estaba y me dejara por loca cuando no podía estar más cuerda.

Tratando de hacer un ejercicio de empatía extrema por mi parte, le conté la historia del taxista. Ilusa de mí. La utilizó en mi contra. Para decir que había sido mucho peor lo mío que lo suyo cuando lo que yo pretendía era que comprendiera que nadie estaba libre de la tentación, pero el cómo afrontábamos las situaciones era lo que realmente nos definía.

¿Me habría enterado yo por él de lo que había ocurrido con esta chica si no llego a ver esa conversación?

Él si se enteró por mí y podría haberme llevado eso a la tumba sin sentir remordimiento alguno porque las conversaciones que tuve con él fueron todas en un sentido amistoso.

A todos nos gusta que nos regalen el oído, y puedo llegar a entenderlo, pero no me imagino diciéndole a este taxista: "Qué polla más bonita tienes, que seguro que la tienes riquísima y me encantaría comérmela". No es lo mismo, y no lo será nunca. Y que, ni 48 horas después, él intentara manipular la situación para sentirse menos sucio, comparándome con él y contándoselo a un amigo... Lo mío, por cierto, ya me debió dar pistas de su poca capacidad para asumir responsabilidades.

Aguantamos un año más. Nunca debí quedarme e intento perdonarme día tras día por haberlo hecho. No sabía que todo era más serio de lo que pensé y que mi salud mental pudiera ponerse tanto en riesgo.

Dos semanas después de su infidelidad, me despidieron del trabajo en el que estaba y nunca me dieron los motivos. Otro fracaso más. ¿Dónde estaba yéndose toda mi energía?

La terapia, su último viaje y yo, un coñazo de persona. Más devaluación

Uno de los motivos que me hicieron pensar que de verdad se arrepentía, era que siendo como era de egoísta, hubiera dejado ese proyecto sin concluir para volver a España para estar conmigo después de semejante cagada y que comenzara a ir a la psicóloga.

Cuando hizo la primera sesión, le dije que yo también lo iba a necesitar porque había perdido la confianza en él y si quería recuperarla, iba a necesitar mucha ayuda, por lo que empezamos, nuestras tareas extraescolares, como él decía.

En esa psicóloga, siempre me sentí invalidada. Jamás se llamó a la conversación que tuvo con esta chica lo que fue, una traición. Unos cuernos para mí. Siempre se le llamó "la conversación". Al principio, íbamos juntos, pero como yo no me sentía ni cómoda ni validada en las sesiones, decidió separarnos.

La terapia no nos estaba ayudando. A mí solo me servía para sentirme cada vez peor y él a pesar de que le explicaban una y otra vez lo que era la validación y la importancia de esta, cada vez me validaba menos por la sencilla razón de que no le apetecía hacerlo. Según él, yo o exageraba o era muy sensible.

Yo comenzaba a pensar, una vez más, que era mi culpa. Que no debía estar explicándome bien por qué algo tan lógico como comprender que si te traicionan hace que no confíes, no podía ser tan difícil de entender.

Además, algo que a mí siempre me hizo daño fue que no me presentase a su grupo de amistades de toda la vida, salvo a un amigo que no tenía relación con el resto del grupo. Tenía la sensación de que me ocultaba continuamente y, solo después de la traición, me los presentó y porque fue algo que yo le pedí. También tenía la percepción de cómo en redes sociales subía lo mínimo de mí y, cuando lo hacía, era en muchas ocasiones para ridiculizarme. No me sentía valorada, reconocida o parte de él y su entorno.

Yo necesitaba que me demostrara más, que se comunicase más, que fuera introspectivo, que me supiera responder a por qué había hecho eso. Que comprendiera el daño que me había hecho porque solo si le quedaba claro yo podría estar tranquila de que no iba a volver a hacerlo.

Pero eso no pasaba. Todo lo contrario, cinco días después de que volviera del viaje, salió el tema de conversación y su respuesta fue que teníamos que ir dejando de hablar del tema porque él así no podía. 5 días después.

Durante este periodo, me surgió la posibilidad de hacer una entrevista en inglés para formar parte de los mismos proyectos a los que él iba cada dos por tres. Viajando, conociendo a muchas personas y en otro idioma. Estaba emocionadísima.

Recuerdo que quería prepararme la entrevista lo mejor posible y como mi chico hablaba inglés genial y conocía a la empresa, pensé, ¿Qué mejor manera de prepararme la entrevista que con él?

No fue así. Se metió a jugar al ordenador y cuando le pedí ayuda, me ignoraba todo lo que podía. Sobre las 10 de la noche conseguí que saliera y me preguntara y su cara de "vaya mierda de inglés y de acento tienes" no hacían más que hacerme sentir super pequeña. Tanto que me quedé bloqueada. Sentía que le molestaba y que no me quería ayudar, pero la entrevista que tenía al día siguiente era muy importante para mí y tenía que hacerla bien sí o sí.

¿Qué hice? Pedir ayuda a una amiga que lleva 10 años viviendo en Irlanda. Cuando se lo dije, me preguntó: ¿Pero y tu chico no te ayuda? Si él habla bien... a lo que le respondí que me daba la sensación de que le molestaba al pedírselo.

Me hizo un curso intensivo con frases bastante socorridas unas horas antes de la entrevista, la misma mañana, aprovechando que él no estaba ya en casa y me lancé a los leones.

Para mi sorpresa, la entrevista fue muy bien y aunque tenían todas las vacantes cubiertas, me veían buena para un puesto que se movía en las grabaciones básicamente.

Cuando se lo conté a mi chico, su respuesta me dejó perpleja. "Pues sinceramente, me ofende. Que tú sin experiencia en producción te hayan ofrecido eso cuando yo he tenido que tragar dos años de mierda haciendo oficina… pero me alegro mucho de que tú te lo puedas saltar".

Parece que alguien había tocado el territorio de alguien…

Me pareció muy rara su actitud conmigo. No la entendía. Primero no me quiso ayudar y luego parecía que le daba rabia. ¿Qué estaba ocurriendo? ¿No se alegraba por mí?

La psicóloga, como digo, no ayudaba.

Que tres meses después de la infidelidad él decidiera volver a irse de viaje, mucho menos. Y el colmo, que, a mis espaldas, para no coincidir con la chica con la que tuvo *sexting*, decidiera cambiar las fechas sin contar con mi apoyo, ayudó mucho menos.

En marzo se fue de nuevo, esta vez durante dos meses, el período más largo que había estado fuera. Y yo, en ese intervalo de tiempo, me sentí abandonada. Esperaba un cambio por su parte, por ejemplo, que durante sus viajes se mostrara más presente y aunque me llamaba todos los días, notaba que lo hacía por obligación, no por un verdadero interés en nuestra relación.

Fue en ese momento cuando surgió una oportunidad para mí. Trabajaba en un programa de crímenes para Antena 3, y durante el tiempo que Voldemort estuvo fuera (de marzo a mayo), me ofrecieron un empleo que permitía teletrabajar, aunque el primer mes tenía que trasladarme a Sevilla. Acepté el trabajo sin pensarlo mucho.

Para mí, esto representó un cambio importante —más que nada, una decisión de priorizarme—, ya que veía que Voldemort hacía lo mismo: viajaba cuando quería, elegía sus fechas sin contar conmigo e incluso evitaba coincidir con la chica con la que me había engañado, como si estuviera huyendo de algo... porque cuando le propusieron volver a viajar, la primera opción que le dieron fue mucho menos tiempo pero con la tal "Ale cp", y a mis espaldas, movió cielo y tierra para viajar a otro proyecto donde no coincidiera con ella, pero mucho más tiempo.

Me hubiera encantado que me hubiera preguntado si yo prefería que se fuera 3 semanas en una producción con ella o 2 meses sin ella, en la situación que estábamos. No era tanto pedir que en algo que me afectaba a mí también me tuviera en cuenta a la hora de elegir algo.

Con total seguridad le hubiera dicho que se fuera 3 semanas, porque confiaba en él y tenía una oportunidad de oro de demostrarme que esa chica no significaba nada para él. Pero no me dio esa oportunidad y algo que también me afectaba a mí, lo decidió una vez más, sin mí y con la excusa de que era por mí.

Aprovechó el viaje para dejar la terapia y no volver a ella nunca más. Yo no solo me quedé, sino que llegué a discutir con la psicóloga por la constante invalidación que estaba sintiendo también en esa consulta así que la dejé y busqué otra. Con esta chica nueva, todo comenzó a ir mejor, pero tardé tiempo en ver el problema de verdad.

Durante su viaje fuera, lo pasé realmente mal. Habíamos quedado en que me llamaría por teléfono a diario, y casi lo hizo, pero se notaba que lo hacía por compromiso. Que no quería hablar. Yo estaba aterrorizada, y cuando llevábamos dos semanas y cambió su foto de perfil, lo asocié a otros viajes y al engaño. Lo que en psicología entienden como un disparador.

Se lo expliqué como pude. Trataba de decirle que me dolía mucho y que odiaba sentirme así, pero él no lo comprendió. Se enfadó, se cabreó, se sentía controlado y, finalmente, dejó la foto que tenía, pero jamás me lo perdonó.

Yo comencé a tener ansiedad. No dormía por las noches. Estaba totalmente dependiente del teléfono, como si fuera a ocurrir algo malo.

Yo esperaba que me contase a qué chicas de su producción le parecía guapo, él decía que a ninguna. No me lo creía. Es simpático, guapo, mordaz... no era lógico y pensaba que me lo quería ocultar, lo cual hacía que mi desconfianza fuera aún más en aumento.

Una chica que era su fisio me bloqueó del Instagram y cuando le pregunté por qué, él no sabía responderme.

Hasta dos veces fui a la clínica con la intención de preguntarle si había tenido algo con él, porque no podía tolerar otra mentira y tenía la continua paranoia de que me mentía. Iba a la puerta de la clínica, la miraba, me preguntaba qué estaba haciendo y me daba la vuelta llorando hacia casa. Menos mal que jamás le pregunté nada. Es muy triste echar la vista atrás y recordar lo mal y desesperada que estaba en esa relación a esas alturas, y cómo me lo comí todo sola por vergüenza de estar sintiéndome así y de no verme reconocida en mis miedos ni en mis actos.

Solo sé que estaba completamente desquiciada, y también sé que yo no me provoqué eso. Su falta de consistencia, de validación, de presencia y su traición causaron todo eso.

Aun así, quería luchar. No sé de qué manera. Pero teníamos organizado un viaje a Egipto a su vuelta y yo quería hacerlo con él.

Yo notaba una frialdad cada vez más palpable. Le pedí a su madre encontramos para hablar con ella porque estaba muy mal. Quería comprender qué hacía que él actuara así, sin empatía, si se supone que me quería como decía que lo hacía.

Su madre no me quiso ver, pero sí me llamó por teléfono y después de estar casi una hora hablando y contándome sus batallitas, me vino a decir que yo tenía que pasar página y que nadie quería estar con un coñazo de persona.

Yo era un coñazo de persona según mi exsuegra...

También comparaba mi relación con la de su marido constantemente. Me dijo que jamás se peleaban delante de sus hijos, y básicamente, que no lo soportaba, pero harta de escuchar como decía una barbaridad tras otra sobre este pobre hombre, le pregunté, con algo de sorna, "madre mía, ¿pero tú le quieres? Siempre que hablas de él es para decir cosas malas y nunca cosas buenas". A lo que me respondió que él también tenía cosas muy buenas y que siempre había podido contar con él. Qué envidia me dio de que yo con su hijo, en mis peores momentos como en mis operaciones por precáncer o cuando me hicieron *mobbing* no fuera así y fuera más un estorbo para él que otra cosa.

En esta maravillosa conversación, también me comentó cómo eran sus técnicas de *gaslighting*, que imagino que su hijo debió de aprender de ella a la perfección.

Me contó, que a veces las mentiras en una relación no solo estaban bien, sino que eran necesarias. Que ella, harta de ver una chaqueta que su marido se había comprado en Egipto y que, por cierto, era su favorita, decidió tirársela a la basura sin decirle nada y cuando el marido le preguntó dónde estaba, le dijo que con la cabeza que tendría, la habría perdido.

El marido convencido de que él no era responsable de la desaparición de dicha chaqueta seguía y seguía buscándola.

Me dio mucha pena. Si alguna vez lees esto, nunca estuviste loco ni fuiste un desordenado. Simplemente, te manipularon y se rieron en tu cara además de tirarte a la basura tu prenda favorita. Pedazo de bruja.

Aun así, el pedazo de bruja me "prestó" a su hijo para ir a recogerlo al aeropuerto y darle una sorpresa. Y esperarlo con carteles. Yo no aguantaba más con esa ansiedad y malestar. Sin duda, fueron los dos peores meses de mi relación y solo verle de nuevo podía arreglar ese sentir mío. O eso creía yo.

Egipto

Voldemort volvió en mayo del 2024 y unas semanas después de su vuelta, teníamos planeado un viaje a Egipto. Un viaje al que, por cierto, yo no quería ir. Intenté negociar con él, ir a algún país del sudeste asiático, que me moría por ver, como Indonesia y aprovechar que él terminaba en Bali su último proyecto para encontrarnos allí, pero no hubo forma de negociar eso con él. Una vez más, aun habiendo visto muchos menos países que él, aun no teniendo la posibilidad de ver entre cinco y seis países al año, no solo gratis sino mientras le pagaban, terminé cediendo para ir a un país del que nada me llamaba la atención, salvo ir con él.

La condición fue que el siguiente país sería Islandia y se comprometió a que así fuera. Ahora me da la risa. Hasta en eso me engañó.

En este viaje, la cultura no me gustó nada porque sentí como trataban de estafarme todo el tiempo, la comida me sentó como un tiro y me pasé el día que visitamos el desierto con diarrea y sin papel higiénico ni agua. El viaje ideal, vaya.

Por la noche, se supone que íbamos a estar rodeados de guiris, mirando las estrellas y haciendo un plan guapísimo que básicamente consistía en admirar lo bien que él hablaba el inglés y lo mal que lo hablábamos el resto y en medio de trepidante aventura, comencé a encontrarme verdaderamente mal.

Me fui a la tienda de campaña y me entraron unos sudores y temblores que me echaron a llorar.

Una de las parejas que se encontraba en la excursión debió escucharme y cortarle el rollo a mi pobre novio que solo en ese momento se sintió obligado a venir a ver si yo me encontraba bien.

Después de esa terrorífica visita al desierto, comenzamos un crucero en el Nilo que al menos, a nivel social, mejoró significativamente el viaje. Conocimos a varias parejas, a un padre acompañado de una hija y a César: un mexicano que viajaba solo

(Quedaos el nombre de César porque un poco más adelante hay tela que cortar sobre él. Es la típica persona que cae bien a todo el mundo y cierto es que nos cayó en gracia a los dos, aunque yo siempre intuí que conectó más conmigo que con el resto.)

No hubo ni gota de romanticismo en todo el viaje. Tampoco quería acompañarme a ir a los globos aerostáticos porque el chico ya lo había visto en Turquía años antes con su ex celosa y repetir, le aburría.

Hoy en día solo puedo alegrarme de no haber ido a lamentable espectáculo sola. Pagamos para ver el amanecer, fuimos los primeros en montarnos en el transporte en la mañana y los que más madrugamos y nos montamos con todo el sol fuera y nuestra vista era la más horrible de todas porque todos los globos ya habían salido y solo se veían cabras y huertas desde arriba. Del valle de los dioses, ni rastro.

Tan poco romanticismo hubo que la única foto que nos echamos juntos casi se la tengo que suplicar. No exagero.

Sevilla y la terapia. Rasgos narcisistas

Una vez de vuelta de Egipto, volvimos a hacer vida en común, pero no por mucho tiempo. A mí me había surgido una oportunidad laboral increíble. Responsable de un área de documentales de *True Crimen* para una productora ubicada en Sevilla. La mayor parte del tiempo era teletrabajo, pero el primer mes, querían que yo estuviera presencial allí con los compañeros de la productora para ir ubicándome y conociendo la mecánica de trabajo. Me pagaban alojamiento ese mes al completo. Si esta oportunidad me hubiera surgido un año antes, probablemente hubiera dicho que no para quedarme a la vera de mi pareja. Para evitar distanciamiento, o más que para evitarlo, para poder disfrutar del tiempo que él decidía no irse fuera, porque si alguien debía renunciar a algo, porque daba por hecho que él no lo iba a hacer y yo tampoco quería pedirle algo así, era yo y no él.

Pero algo estaba cambiando en mí. Yo quería priorizarme. Así que cuando surgió esa oportunidad, y aunque lo que me apeteciera fuese estar con él después de dos meses fuera, hice de tripas corazón y me fui.

Sabía que era algo bueno tanto para mi bolsillo como para mi carrera profesional. Además, al ser teletrabajo, planifiqué un viaje de un mes a Tailandia sola, en agosto.

Siempre había querido viajar al sudeste asiático. En mi mente siempre me lo había imaginado acompañada de mi pareja y pensé que mi ex sería la persona que pudiera acompañarme algún día, pero vi que no iba a ser así.

Él esos sitios ya los tenía muy vistos porque iba a trabajar allí cada dos por tres y no tenía ningún interés de volver a viajar a lugares donde ya había estado y donde, además, le salía gratis el viaje.

Comprendí, aunque me costó, que no podía dejar mi vida en las manos de alguien. Esperar a que decidiera que le apetecía pensar en mis ganas de ir en un sitio en lugar de pensar en la ausencia de las suyas. Lo que viene siendo ceder por alguien. Y me aventuré a irme sola.

Él tenía vacaciones en ese periodo y le propuse que viniera aun sabiendo de antemano la respuesta. Obviamente, me dijo que no, así que comencé a idear un plan, mientras estaba en Sevilla, para ir a Tailandia meses después sola, para estar un mes fuera.

Durante el mes en Sevilla todo fue de maravilla para mí. El trabajo iba bien, me centré mucho en aprender idiomas y no me saltaba mi lección de Duolingo ni una sola noche, comencé a realizar cursos de formación para conseguir el sueño de que alguna vez a mí también me llamaran para trabajar en el extranjero y me formé más de enfermera para que siguieran contando conmigo para hacer guardias.

Quedé con muchos amigos, sobre todo del Erasmus, ya que tuvimos incluso una boda estando yo allí de dos de ellos, vino mi hermana a verme, una amiga que vive en Huelva, me apunté al gimnasio e iba prácticamente todos los días y comencé a encontrarme mentalmente bastante más fuerte.

Seguía con la psicóloga nueva. Le contaba mis problemas, mis inseguridades a raíz de la traición, cómo me encontraba y cómo pensaba que yo le daba igual a mi pareja. Aprovechando que mi ex había planeado visitarme un par de días, no sin insistir e insistir, para variar, decidimos hacer una sesión conjunta.

Durante esta sesión, mi psicóloga le preguntó qué nos pasaba, a lo que a él no se le ocurrió nada mejor que decir que había muchas cosas de mí que no le gustaban. Yo alucinaba. Y le pregunté: ¿Y el que tú veas esas cosas que no te gustan, no tiene nada que ver con que me mintieras aprovechando una condición médica tuya mientras le decías a una tía que te encantaría comerle las tetas y que seguro que estaban riquísimas? ¿De verdad antes de eso había cosas de mí que tampoco te gustaban? Porque si las había, no me las dijiste.

Su respuesta fue increíble. Se puso como una moto, montó un número delante de la psicóloga y lo que dijo era que como se me ocurría decir eso en la primera sesión con alguien que no le conocía de nada, que qué iban a pensar de él.

¿De verdad pensaba que yo no se lo había contado antes?

A partir de ese momento, se mostró esquivo, enfadado y también hizo saber que le daba igual que la relación se fuera a la mierda porque él estaba ya cansado.

Tanto la psicóloga como yo, nos quedamos muy sorprendidas.

Cuando acabamos, le dije que nadie le obligaba a estar conmigo. Que yo estaba mejorando mucho y que al final había sido él quien se había enfadado y por su bien, le dije que no se daba cuenta, pero que jamás pedía perdón y jamás hacía autocrítica. Yo le conocía y estaba acostumbrada, lo que no quería decir que no me doliera, pero le dije que eso le iba a producir problemas en un futuro. No es normal que, en una relación de casi cuatro años, alguien no te pida perdón ni una sola vez. Y él, no lo hacía y si lo hacía, era o porque lo pillaban o para tener la fiesta en paz, pero no porque lo sintiera.

Estaba realmente enfadado. No sé si conmigo, si con la vida, con la situación...

La cuestión es que se volvió a Madrid y de vuelta, me envió un mensaje pidiéndome perdón por su salida de tono que comenzaba con un "Me gustaría hacer lo que precisamente dices que nunca hago, pedirte perdón" ...

Estábamos mal. Cada vez peor. Él cansado. Yo cansada. Desencantada de él. Pero había invertido tanto y tanto en mi relación con él... que no me veía capaz de irme. Había regalado toda mi energía a esa relación y a esa persona. No me quedaban fuerzas para rendirme y empezar de cero asumiendo que algo que era genial, se hubiera ido a la mierda por algo que ni siquiera había hecho yo.

En la próxima sesión que tuve con mi psicóloga, lo que me dijo me dejó helada, aunque en ese momento no sabía aún lo que significaba.

"Luz, yo no soy quién para diagnosticar esto porque hacen falta una serie de herramientas más precisas con las que yo no trabajo, pero, tu chico, si no tiene trastorno de la personalidad narcisista, mínimo rasgos narcisistas muy fuertes tiene".

No sabía lo que eso significaba, salvo que eran personas que solo pensaban en ellas mismas y eso era algo que ya sabía.

En el fondo de mí, sabía que esa relación me estaba destrozando.

El declive

Después de mi mes en Sevilla, volví a Madrid con él. Teníamos todo julio y mitad de agosto hasta que yo volviese a irme a mi viaje a Tailandia. Me gustaba verme luchando por equilibrar la relación. Yo también podía viajar. Yo también tenía algo que decir. Y si a él le daba igual mi opinión, tendría que irme.

Pero quería que me viera bien. Lo de que era un coñazo de persona dicho por su madre me había calado mucho. Y me parecía muy injusto. El papiloma, el *mobbing* a miles de kilómetros de casa sin el apoyo de tu pareja y los cuernos, harían un coñazo de persona a cualquiera.

Cuando él me conoció, yo no era un coñazo de persona. Todo lo contrario. Y las circunstancias, influyen. Durante ese mes, hubo un fin de semana que yo aproveché para bajar a Jaén, a mi pueblo. Cuando estaba allí, me contó que había ido a escalar. Me sentó fatal.

El motivo, que antes era algo que siempre hacíamos juntos. Últimamente, me decía que le dolían los tendones de la mano, pero misteriosamente, siempre que venían amigos suyos de fuera o le proponían ir, no le dolían y decidía ir. Aunque fuera 24 horas después de proponérselo yo y decirme que no. ¿De verdad le dolían? ¿O simplemente no quería venir conmigo?

Ese día estallé. Le dejé por teléfono. No podía más. No quería estar con alguien que me mentía en todo, que me apartaba de todo. Hasta en esa gilipollez.

Iba totalmente en serio, pero ¿Iba a hacerlo a distancia? ¿Por teléfono?

No. Se me había ido. Le llamé y me disculpé. Le dije que lo sentía y que no podía hacer eso así. Que era escalada, al fin y al cabo. No era nada grave. Teníamos que hablarlo en persona.

Me dijo que no. Que se terminaba. Parecía que le había quitado un peso de encima y comencé a llorar como una loca. Sentía que yo había cometido un error.

Le pedí volver a Madrid esa misma tarde y hablarlo y se negó. Estaba empeñadísimo. Se lo contó a sus padres, a su hermano, a sus amigos. Hizo público que no quería seguir conmigo.

Cuando llegué al día siguiente para hablar con él y disculparme, terminé de rodillas. Fue lo más humillante que he vivido en esa relación con él. O de lo más humillante.

Se lo pensó tras hablar con sus padres y quedamos en darnos unos meses. Tres meses. Yo estaba mejor, me iba a Tailandia, quería equilibrio, quería que me viera bien.

Accedió. Pero todo estaba en la más absoluta mierda y yo lo notaba. Como siempre, me decía que no pasaba nada. Que todo estaba bien. Que, si nos habíamos dado esa oportunidad, íbamos al cien por cien con ella. Pero yo quería hablar de nosotros y no quería.

Un día que estaba fuera de casa, lo volví a hacer… Meses después, volví a entrar en su ordenador. Volví a ver las conversaciones. Vi todo lo que dijo de mí a su hermano y a su cuñada. A su amigo le decía que yo vivía en una realidad paralela, que me lo había cargado todo yo sola. Su cuñada me ponía a caer de un burro y le decía que no era buena para él.

También vi cómo en el último viaje tonteó con otra chica en el ascensor. Se lo contó a sus amigas para presumir, y cuando yo le preguntaba —intentando normalizar que esas cosas podían pasar—, me decía que no había ocurrido nada. Me mentía descaradamente o, mejor dicho, me seguía mintiendo a pesar de estar en terapia de pareja y de saber que mi confianza en él había que traba-jarla con hechos. Ni gota de remordimientos.

Y lo que más me dolió es que a su amiga le dijo que si volvía soltero no iba a dejar títere sin cabeza y se las iba a follar a todas, a lo que ella le dijo que borrase la con-versación. Él se hizo el chulito y le dijo que si yo me vol-vía a meter le habría decepcionado y nuestra relación no valdría nada.

Estamos hablando de marzo. En marzo, solo quería es-tar soltero para follarse a todas. Me mentía cuando le pre-guntaba si despertaba interés en alguna de sus compañe-ras, dejándome completamente contrariada porque no me parecía normal. Y, para más remate, a su hermano y a su amigo les dijo lo que nunca tuvo el valor de decirme a mí...

Que no estaba enamorado. Y ni por esas me fui. Ahí sí que sabía que me tenía que ir. Pero no podía. No sé qué me pasaba. No podía.

Recuerdo que me fui al gimnasio. Tenía una ansiedad horrible. No podía compartir aquello con nadie. Yo no debería saber nada. No debía haber vuelto a entrar en su ordenador. Pero lo había hecho y ahora lo sabía. Al vol-ver del gimnasio comencé con diarrea y vómitos. Me pasé toda la tarde del baño a la cama y de la cama al baño. Me dio fiebre y me puse a temblar. Llegué a 39° de fiebre.

No sé qué ocurrió. Si fue ansiedad a lo bestia por descubrir eso o si comí algo en mal estado.

Solo recuerdo que el dolor era tan insoportable que no paraba de llamarlo. Había llamado al 112 y me dijeron que no podían movilizar una ambulancia para una persona joven a la que 'se le terminaría pasando'. Mientras tanto, él prefería estar jugando al ordenador. La escena era esta: yo vomitaba y me retorcía de dolor en una habitación, y él seguía jugando tranquilamente en otra.

Yo solo quería que me pincharan un Primperan para dejar de vomitar. Finalmente, terminó llevándome al hospital después de casi implorarle. Me quedé ingresada en urgencias, me pusieron una vía con medicación para el dolor y los vómitos y horas después se me terminó pasando.

La boda de una de mis mejores amigas era ese mismo fin de semana, unas horas después y yo no podía tirar de mi alma. A esa boda no quería ir después del amago de dejarlo, después de haber dicho que sí meses antes y de confirmar nuestra asistencia. De hacerles pensar a la pareja de novios que le hacía ilusión ir porque les tenía cariño. Me dio mucha pena que considerase no ir. No por mí sino por mis amigos. Ellos le apreciaban de verdad y a él, le daban igual.

Finalmente, conseguí convencerlo para que viniera y la boda transcurrió con normalidad. Con la mayor normalidad posible en esa situación y no pude disfrutarla como me hubiera gustado. Ese momento, para mí se jodió y todos llevábamos años, décadas incluso, esperando que ese día llegase. Me dolerá siempre no haber estado al 100%. Cuantos más días pasan, sé que mi situación con él tuvo mucho que ver.

Una semana después de la boda, llegó mi esperado viaje a Tailandia. Me llevó al aeropuerto para despedirse de mí. Yo bromeaba y decía, "te vas a quedar como perro al que le quitan las pulgas sin mí".

Y así fue. Esa fue la última vez que le vi...

Capítulo 10: El descarte. Un final sin cierre

Tailandia y el masón

Recapitulemos: César, aquel chico mexicano que conocimos en Egipto, seguía en contacto con nosotros. Bueno, más bien conmigo. Era divertido, abierto y con mucho sentido del humor. Un día, hablando por chat, le solté de pronto: "Me voy a Tailandia sola. Voldemort no quiere venirse porque dice que está harta de verla, ¿te vienes?"

Y el tío, sin pensárselo dos veces: "¿En serio? Pues voy contigo."

Me pareció extraño, claro. Sobre todo, porque cuando coincidimos en Egipto tengo que reconocer que el cómo me miraba me hacía dudar de si sentía algo por mí, o quería taladrarme con su herramienta, pero no le di mayor importancia: él sabía perfectamente que yo tenía novio, los dos se conocían y se habían caído fenomenal.

Lo curioso es que César acababa de empezar en una empresa nueva en México... y, aun así, se largó diez días sin avisar a nadie. Ni siquiera a su trabajo. ¿Irresponsable? Totalmente. Pero hizo lo que Voldemort jamás

269

habría hecho por mí, que es hacer algo fuera de lo común, o simplifiquemos, hacer algo por verme.

Mi plan era claro: dos semanas de vacaciones oficiales con César, y las otras dos trabajando en hoteles con buena conexión. Así que empecé a hablar más con él. A preguntarle cosas, a conocernos mejor. Y ahí fue cuando me llevé una sorpresa algo peculiar.

Nos seguimos en Facebook y vi que subía cosas raras, muy raras, sobre masonería. Como buena periodista, la curiosidad me pudo. Le pregunté. Y él, encantado de hablar del tema, me soltó que sí, que era masón. Que no era algo secreto, sino más bien "discreto".

Y entonces, dos días antes de viaje me suelta la bomba: que cuando entró en la logia, le dijeron que tenía que buscar la luz. Y que cuando en Egipto me conoció y le dije que me llamaba Luz, él sintió que eso era una señal. Una señal, dice. Ahí yo me empecé a mosquear.

Se lo conté a Voldemort. ¿Y sabes qué dijo? Que ni de coña César quería algo conmigo. Que ni de coña.

—¿Cómo va a querer algo contigo? —me soltó—. Imagino que a esas alturas ya, Voldemort debía de verme más fea que un cardo borriquero.

Y aunque su comentario fue una patada en el orgullo, me ayudó a tranquilizarme.

Porque me convenía pensar que César no quería nada conmigo. Porque yo ya tenía todo organizado: el tour, la agencia, las ganas y los nervios de una primera vez viajando sola. Y César venía bien como compañía neutral. Punto. Me interesaba que fuera así.

Y luego, ¡hasta nos pusimos a especular si César sería gay!

No parecía descabellado: un chico mexicano escapando de la represión de su país –donde eso del arcoíris no brilla tanto–, recorriéndose Europa como si fuera el tour "Descubre tu identidad y de paso come buenas pizzas".

¡Y vaya ruta se había montado el tío antes de Egipto! París (obvio), Italia, media Europa... Todo un currículum viajero. ¿Quién mejor como acompañante?

Todo estaba listo y el día 13 de agosto Voldemort me acercó al aeropuerto. Como os dije antes, sería la última vez que nos veríamos.

Finalmente en Tailandia

El itinerario que había organizado con la agencia de viajes duraba entre 11 y 12 días. Comenzábamos en Bangkok, aunque nuestro vuelo llegaba demasiado tarde para explorar la ciudad, así que nos dirigimos directamente a la selva, a un lugar llamado Khao Yai. Después continuamos hacia Ayutthaya, luego a Chiang Rai, seguido por Chiang Mai, y finalmente volamos a la isla de Koh Samui.

Tras completar este circuito, César regresó a Bangkok desde Koh Samui para tomar su vuelo de regreso a México, con escala en Japón. Yo, en cambio, continué mi viaje sola: primero a la pequeña isla de Koh Tao, luego pasé diez días en Phuket –mi estancia más larga–, y finalmente terminé con cuatro días en Bangkok, donde pasé la mayor parte del tiempo llorando en la cama.

Todo empezó bien organizado. En la selva nos alojamos en unas cabañas y al día siguiente exploramos la zona con nuestro grupo, que incluía una pareja joven y una familia. En Ayutthaya, las ruinas fueron impresionantes y nuestra guía Carol, una pelirroja divertida que trabajaba ocasionalmente como diplomática, hizo el día especialmente agradable.

Durante el trayecto en la furgoneta, Carol presentó al grupo con un: "Esta parejita de Luz y César...". Lo primero que aclaré allí mismo —en esa especie de van abarrotada para diez personas— fue: "No somos pareja. Yo tengo a alguien en España".

"Bueno, pues tu pareja sabrá", soltó alguien, y se armó el clásico momento incómodo.

Recuerdo que, al decirlo delante de todos, noté que a César le molestó. Pero en ese momento decidí ignorarlo. Era la verdad, y punto.

La segunda noche en Chiang Rai, mientras que nos quedábamos dormidos en la habitación que compartíamos, le confesé mis problemas de pareja a César. Se lo conté esperando que se alejara, pero el efecto fue el contrario.

César, en lugar de entender los límites, aprovechó para insistir en su teoría masónica.

Me contó que él viajó a Egipto en busca de respuestas y allí me conoció y es que cuando César se inició en la masonería, vivió un ritual extraño donde —según sus propias palabras— "revivió".

Decía literalmente que había muerto para renacer, que dejó de sufrir al pasar por esa experiencia. Cuando le pregunté si le habían drogado, respondió que no lo sabía, pero insistía en que había experimentado una muerte y resurrección reales.

Durante el ritual, recordaba cómo una figura principal preguntaba a los presentes: "¿Qué queremos para el joven César?", a lo que todos respondían al unísono: "¡La luz! ¡Queremos la luz!". Esta repetición obsesiva lo marcó profundamente, despertando en él una necesidad compulsiva de entender qué era esa "luz".

Aquí es donde entra mi nombre. Si me hubiera llamado Mari Carmen, probablemente no habría viajado a Tailandia conmigo. Pero como me llamo Luz, para él fue una señal.

Recuerdo cuando le dije mi nombre en Egipto: se llevó las manos a la cabeza exclamando "¡Guau!". Después viajó a París, buscando más conexiones simbólicas.

Durante nuestro viaje, noté cómo buscaba obsesivamente pirámides, ojos y otros símbolos por todas partes, mostrando desinterés por la cultura budista que no encajaba con su búsqueda. Poco a poco fue entendiendo que yo no iba a corresponder con sus expectativas, y la atmósfera se volvió cada vez más incómoda.

La situación llegó a un punto crítico cuando, compartiendo habitación (aunque en camas separadas, al fin y al cabo, si viajaba sola habría terminado en un hostal con desconocidos), ocurrió lo siguiente:

En la cuarta o quinta noche —creo que fue la quinta— dejó la puerta del baño abierta deliberadamente para que lo viera. Me cabreó muchísimo porque, pese a haber mantenido siempre el respeto y haberle dejado claro que tenía novio, seguía con estas actitudes. Se disculpó y lo perdoné, pero la incomodidad ya era palpable.

Esa misma noche salimos de fiesta en *Chiang Mai*. Allí, César se convirtió en un auténtico comprador ambulante de rosas: paraba en cada puesto a comprarme flores, una tras otra. Terminé esa noche en el hotel con unas 20 rosas —sin exagerar—. Y esto después de haberle dejado más que claro que no quería nada con él, que estaba enamorada de mi novio.

A la mañana siguiente, tras haberme asegurado que lo entendía perfectamente, me desperté con dos sorpresas: primero, que se levantó cantando reguetón a todo volumen, arruinándome el descanso; segundo, que mi cama estaba literalmente cubierta de pétalos de rosa. La vergüenza fue tal que me volví a meter bajo las sábanas. En ese momento entendí que o no había captado nada, o simplemente le importaba un bledo lo que yo pensara o sintiera.

Y todavía nos quedaban cuatro días en *Koh Samui*, la supuesta isla paradisíaca. El viaje desde *Chiang Mai* fue caótico, casi perdemos el vuelo por sus peleas con todo el personal aeroportuario, a quienes acusaba de no tratar como debían a un "hombre de buenas costumbres" (frase que, según él, usan los masones para identificarse entre ellos, junto con todo ese simbolismo de escuadras, cartabones y pirámides con ojos que dudo que incluso él entienda).

Al llegar al hotel en *Koh Samui*, la sorpresa fue mayúscula: por error nos habían asignado una habitación con cama matrimonial. Él intentó calmarme diciendo que dormiría en el sofá, pero yo, recordando todo lo anterior, entré en pánico. Me planté en la recepción y presioné hasta que finalmente nos cambiaron de habitación. Aun así, fueron cuatro días terriblemente incómodos.

Para colmo, alquilamos una moto para explorar la isla, yo quería un scooter normal, pero él insistió en la moto más potente para ir a toda velocidad, conmigo agarrada atrás como un fardo, muerta de miedo.

Yo, por mi parte, me pasé esos últimos días organizando todas las excursiones grupales posibles solo para evitar estar a solas con él en el hotel.

Sin embargo, la gota que colmó el vaso fue cuando me preguntó si podía llevarse a una prostituta a la habitación, argumentando que "era una habitación compartida" y que a mí qué me importaba. Ahí exploté: "Te pago tu parte, pero no vas a follar delante de mí". La tensión era insoportable.

El día de su ida, lo encontré llorando por la mañana. Por más que le pregunté, solo repetía que no le pasaba nada. Nunca supe el porqué.

Cuando finalmente se fue, sentí un alivio inmenso. Por fin empezaba mi viaje de verdad.

Mi viaje en solitario y el descarte

A finales de agosto me quedé completamente sola y me fui a la isla de Koh Tao. Cuando por fin me vi libre, pensé: "¡Ahora sí que empieza mi verdadero viaje!". Llegué a Koh Tao y me apunté a un curso de buceo. Me alojé en un hostel donde conocí a un chico vasco, varios españoles y hasta un indio. Esa isla era increíble. Durante tres días hice el curso y llegué a bajar hasta 18 metros de profundidad. Al principio me daba mucho miedo, pero al final me armé de valor.

Conocí a una chica que trabajaba como nómada digital, a una pareja de Valencia, y los instructores de buceo eran majísimos. Había tanta cultura española en la isla que me sentí como en casa. Por fin empezaba a disfrutar de verdad.

De allí me fui a Phuket, al hotel donde tendría mejor conexión a internet. Aunque ya había terminado mis vacaciones oficiales y empezaba a teletrabajar, me quedé en un hotelazo con piscina y vistas al mar. Lo único malo fue que en Phuket llovía casi todos los días. Una cosa que me impactó fueron las señales de alerta por tsunami en Patong Beach, recordando la tragedia de 2004.

Allí hice un amigo turco y practiqué mucho inglés. Como también sé francés, a veces no sabía en qué idioma hablar. ¡Me parecía que la cabeza me iba a explotar! Pero fue genial sentirme tan independiente otra vez. Los fines de semana hacía excursiones a la Isla de James Bond y exploraba los paisajes naturales de la zona.

Estaba tan emocionada con todo lo que vivía que quería compartirlo con mi chico. Le enviaba fotos constantemente, orgullosa de lo que era capaz de hacer sola. Después de pasar por esa experiencia televisiva tan extrema, problemas laborales y el aislamiento del teletrabajo, necesitaba que viera que yo también podía ser aventurera e interesante.

Faltaban dos días para mi vuelta a España y me moría, a pesar de todo, por volver a verlo. Pensé que ese tiempo le habría hecho echarme de menos. Reflexionar. Ponerme en valor. Pero nada más lejos de la realidad.

Mi última parada fue Bangkok. Me uní a grupos de viajeros solitarios y conocí a un chico llamado Nico. El primer día visitamos templos juntos, pero al día siguiente seguí explorando sola porque él no se encontraba bien. Esa misma tarde quedé con un amigo que casualmente estaba en Tailandia, pero terminé discutiendo con Voldemort.

Yo llegaba un sábado después de un mes fuera y él tenía un campeonato de su deporte favorito en Barcelona, para el que iba a ser juez. El campeonato comenzaba el viernes y acababa el sábado, por lo que le pedí que intentara volver el domingo por la mañana y así poder tener la tarde para los dos.

No me contestó y al día siguiente me mandó el billete de tren. Volvía a las 21h y a Atocha. Para las 21h30 estaría en casa. Tiempo suficiente para cenar e ir a dormir para al día siguiente volver a trabajar los dos.

Me enfadé. Le dije que, en ese caso, y visto que me iba a pasar sábado y domingo enteros sola en Madrid después de un mes viajando y sin verlo, me iría a mi pueblo a ver a mis padres. Ellos iban a tener más ganas de verme que él seguro.

Manipuló todo y me dijo "si lo que querías era irte a tu pueblo, haberlo dicho".

Tuvimos una discusión por WhatsApp en la que le dije que simplemente buscaba equilibrio en la relación y que eso no se estaba dando.

Que me sentía imbécil esperándolo con pancartas en los aeropuertos de turno cada vez que él volvía de algún viaje y que él no hiciese ni la mitad cuando la que se iba era yo y él me respondía diciéndome que no me ponía en su piel, que no tenía razones para ponerme así y que básicamente lo que yo sentía no tenía razón de ser. Que no se iba a sentir mal novio porque le dijera que me decepcionaba.

Vivía en una decepción continua con él en el último año. Mirando el teléfono. Esperando migajas de su cariño. Esperando la iniciativa por hablar conmigo o interesarse por mi vida. Pero eso no ocurría. ¿Cómo iba a ocurrir si yo no le interesaba?

Decidimos que dejaríamos de hablar por WhatsApp hasta que se nos pasase el mosqueo, y la conversación se quedó en 'estambay'. O eso pensaba yo.

Esa noche —yo estaba en Bangkok y aún me quedaban dos días enteros allí y uno entero de viaje, con una escala bastante larga en París—, me mandó un WhatsApp mientras dormía.

Me desvelé en medio de la noche y vi su mensaje. Me dejó por WhatsApp. Después de casi cuatro años juntos. Estando a 8000 km de distancia. Estando sola. Sin mis familiares, amigos o conocidos cerca para que me pudieran sostener. Después de haberle perdonado una traición. Después de haberle dado lo mejor de mí. Después del año de mierda que había pasado a su lado. No pudo esperarse dos días para dejarme en persona. No quiso esperarse. Su malestar iba por delante de mí. Yo se la pelaba.

Me pasé los dos últimos días en Bangkok llorando, sin salir del hotel, sin comer y preocupando a mi madre, amigas y cualquier persona que sí me quería de verdad.

No me podía creer que me hubiera dejado así. Nadie se merece eso. Mis seres queridos me ayudaron a verlo. Me costó dos días darme cuenta de que no eran maneras. Hasta eso intentaba mi cabeza justificarle.

Me dejó rota, sola en un hotel con seis horas de diferencia horaria, sin poder llamar a nadie de mi entorno para que me consolara. Pasé dos días sin comer, llorando en la cama. Arruinó el final de un viaje que llevaba una década soñando hacer.

También lo conocía perfectamente y sabía que jamás iba a sentirse mal por hacer las cosas así. Solo podía recoger los pocos restos de dignidad que me quedasen y dejarlo estar.

Lo único que pude hacer esos días fue leer, leer y leer mientras lloraba. Y leí sobre abuso narcisista. Esas palabras que ya me dejó entrever mi psicóloga, a la que no quise hacer caso, meses antes.

No era normal lo que había hecho ni cómo lo había hecho. Era crueldad. Indiferencia. Desdén. Hasta a mi madre le habló mal de mí cuando ella le escribió para decirle que ya se podía haber esperado dos días. Ni gota de asumir nada. Ni gota de sentimiento de culpa. Solo se importaba él mismo y nada la persona que había dado todo por él en los últimos cuatro años de su vida. Leer sobre lo que era el abuso narcisista hizo que todo comenzara a cobrar algo de sentido.

Me sentía así. Invalidada. Invisible. Como el que tira a la basura una bolsa llena de mierda porque le molesta. Descartada porque ya no le servía…

En el aeropuerto de París, donde tuve una escala durante toda la tarde y noche del viernes, contraté un servicio de mudanzas. Cuando llegué a Madrid, ahí estaba mi amiga Jéssica para recogerme. Pensé que no me hacía falta, pero ella se negó a no estar. Y con la mudanza, igual.

Nunca sabrá lo importante y necesaria que fue su presencia en aquellos momentos, aunque ni yo misma fuera consciente, ni lo agradecida que le estoy por ello.

En menos de un día, habíamos organizado una mudanza, sacado todas mis cosas de ese piso en el que había vivido el último año y todo esto después de un viaje de más de 24 horas y sin dormir.

En medio del dolor que sentía, conseguí sentirme orgullosa de mí y mi capacidad de resolver.

Sufrir por un amor que te importaba no es síntoma de debilidad, si no de humanidad. Pablo Arribas

Capítulo 11: Duelo, recuperación y secuelas del abuso narcisista

De vuelta a Valdepeñas

Después de la mudanza exprés, no me quedó más remedio que volver a la casa de mis padres con mis casi 35 años, a Valdepeñas de Jaén. Mi piso estaba alquilado y hasta finales de octubre no se quedaba libre.

Llevaba fuera desde los 17, cuando me fui a la universidad, y desde entonces nunca había vuelto, salvo en periodos de vacaciones. Mi pueblo tiene apenas 3,000 habitantes y, a esta edad, la gran mayoría de las amigas de mi grupo son madres.

Mi relación con mis padres nunca ha sido mala, pero sí ha estado llena de roces por mis heridas de la infancia, así que tener que volver no fue tarea sencilla.

No era, digamos, el mejor escenario para atravesar una ruptura, y el teletrabajo tampoco ayudaba mucho. Allí pasé los peores momentos tras romper y toqué fondo.

Todo comenzó con la rumiación. La rumiación son esos pensamientos obsesivos que no salen de tu cabeza, hagas lo que hagas. Tenía pesadillas todos los días y dejé de ser funcional en mi trabajo. Era incapaz de mantener la concentración y, si antes ya tenía dependencia del teléfono buscando ese mensaje de validación, ese "te quiero" o ese "te echo de menos", ahora era mucho más bestia. No soltaba el móvil. No podía estar sin mirarlo, buscando una notificación que yo sabía que no iba a llegar, pero no podía evitarlo. Lo esperaba sin poder evitarlo. Era como estar pasando por un proceso de abstinencia.

Es una de las sensaciones más horribles que recuerdo.

Recuerdo revisar mis conversaciones de WhatsApp con él una y otra vez, con ChatGPT, y que este fuera el segundo ente que me hablara de narcisismo en sus palabras. Seguía sin dar crédito.

Traté de buscar ayuda profesional y le pedí a mi psicóloga vernos con más frecuencia, pero no era posible, así que comencé a desesperarme ante la ausencia de herramientas para poder lidiar con todo.

Estaba desesperada y una de las cosas que hice fue buscarlo con su nombre y apellidos en Google, y ahí estaba: en un documento oficial de la Comunidad de Madrid sobre solicitud de vivienda.

Al principio no entendía qué significaba eso, pero bastó con ver la fecha de las varias resoluciones en las que aparecía su nombre… abril, julio, agosto…

Y eso implicaba que, si la resolución era de esas fechas, mínimo tendría que haberla presentado un par de meses antes.

Haciendo cuentas, y para quien no se entere —porque yo tampoco me enteraba—, mientras que estábamos dejándonos un dineral en terapia de pareja, en enero o febrero, principios de año, él estaba solicitando una vivienda a la Comunidad de Madrid, para él solo, sin decirme nada. Construyendo una vida para él, cuando aún la compartía conmigo, a mis espaldas. Ocultándome el hecho tan emocionante, relevante e importante de que iba a comprarse una casa. ¿Qué clase de novio no comparte eso con su novia de casi 4 años?

Quizás no sea tan grave… yo también tengo una vivienda a mi nombre, trataba de pensar en un primer momento, pero cuando se lo conté a mi madre, lo que me dijo me devastó:

—"Hija, él hace tiempo que no te tiene en cuenta en su vida. Hace su vida como si tú no estuvieras".

Y así era.

Después de ese comentario de mi madre llegó el de mis amigas…

—"Ay Luz… él no te veía en su vida ya…"

Y todos llevaban razón.

Eso me hizo recordar que, en agosto, se estaba planteando hacer una reforma en su cocina y que, finalmente, por otra parte, sus padres se lo quitaron de la cabeza porque "no vaya a ser que termines viviendo en otro sitio". Algo que a mí me dejó estupefacta y le pregunté directamente: ¿Tienes pensado irte del piso?

A lo que, súper tajante, me contestó que no. En agosto. Con una solicitud hecha desde principios de año y con varias resoluciones oficiales en las que su nombre aparecía en lista de espera.

Otra mentira más... era un experto.

Pero esta me dolió mucho. Me dolieron mis últimos meses, tirados a la basura. El luchar sola por algo que ya estaba muerto.

Ya tenía suficiente: una infidelidad, que se aprovechara de su enfermedad para engañarme, que me dejara por WhatsApp a 8,000 km jodiéndome el viaje de mi vida, que me jodiera también la boda de una de mis mejores amigas, y ahora también saber que sus planes de futuro no eran conmigo y que, a pesar de saberlo, jugó con mi tiempo.

Pero no. No fue suficiente y el destino quiso que su amigo me contara por error otra de sus mentiras.

Y lo más grave de todo, pensando que había sido iniciativa mía. Me contó que la cocinera de aquella experiencia televisiva en la que yo lo pasé tan mal, le había confesado que mi ex quería hacer un trío con ella en ese proyecto.

Y yo no estaba invitada a ese trío. Ni mucho menos fue idea mía hacerlo, porque con esa chica jamás crucé palabra.

Mientras yo pensaba literalmente en morirme y en aguantar como fuera esos meses allí por él, él estaba proponiendo hacer tríos.

Completamente repugnante, pero a esas alturas ya no podía sorprenderme nada de él.

Dos días después, una chica anónima me contactó por Instagram y me dijo que era vox populi que, en esa experiencia televisiva, todos nos poníamos los cuernos a todos y que había llegado hasta España, que él, aunque tenía su novia, también tenía sus cosas allí.

Me mencionó a la chica mona de su departamento y yo sola hilé.

Se lo dije directamente a esta chica y, desesperada y en la más absoluta mierda, le conté que me había decepcionado por no haberme contado nada.

Que me pareció muy raro cuando se subieron la montaña arriba y desaparecieron en mis narices. Que los vi haciéndose cosquillas, aunque mi ex me lo negara en la cara.

Su respuesta fue un "estás loca". También me hablaba de tenerle respeto a su actual pareja.

Pocos minutos después, la chica anónima volvió a hablarme. Cuando le pregunté si estaba segura de lo que me había dicho, me dijo que no. Que ella sabía que la chica mona del departamento de mi ex había sido infiel, pero no sabía si con mi ex.

Yo la había cagado. Y lo primero que hice fue disculparme con ella. No le bastó y comenzó una sarta de insultos y malas formas hacia mí, diciendo que quería que le dijera quién me lo había contado. Exigiéndomelo. Y lo siento, pero se cuenta el pecado, pero no el pecador.

Le traté de explicar las barbaridades que había descubierto en los últimos días para justificar que, a esas alturas, no me parecía extraño que hubiera hecho eso también. Y ante su falta de empatía y cero sororidad (de la que tanto presume en sus retiros espirituales), decidí bloquearla y mandarla a paseo.

Si algún día me lees, que sepas que no te volvieron a llamar para trabajar en ese proyecto de nuevo porque mi ex, tu amigo del alma o tu amante, lo que sea que fueses, fue el responsable de que no te llamaran para volver a la edición siguiente. Un productor pidió referencias tuyas y soltó una ristra de mierda impresionante sobre ti. Y de la misma forma en la que yo no merezco que me llamen loca, tú no merecías eso.

Esa situación me hizo colapsar. Me sentía totalmente avergonzada. Sentía que estaba en el fondo más absoluto y que no tenía fuerza para salir de allí. Sin ningún tipo de sentido en este mundo, pensé en quitarme del medio. No podía más. No quería poder más. Era suficiente dolor. Era demasiado.

Busqué en Goo le cuántas pastillas de Alprazolam de 0.5 mg necesitaba t mar para irme a paseo. Con las 4 pastillas que me queda an en casa no tenía ni para empezar, pero sí para asustar mi familia.

No sé cómo lo hice pero le eché toda la cordura posible, avisé a mi madre que estaba en Jaén con mis tías, avisé a una amiga mía ue vive en Irlanda, de que estaba teniendo esa idea y entr todos hablaron y decidieron llevarme a urgencias psiqu ítricas en ese momento.

No me avergüenza co tarlo. Fue a raíz de este momento cuando de verdad omencé a mejorar. Tampoco había otra alternativa posib e. No se podía empeorar.

Comencé de manera prog siva con un tratamiento antidepresivo, de una duración r ínima de seis meses, y después de tocar fondo, comencé a subir. Muy poco a poco. Pero dejé de pensar en querer orirme.

También me puse en manos de una experta en abuso narcisista. Necesitaba saber si realmente había sido víctima.

Me realizó un test y lo reventé: un 97 % de coincidencia en víctima de abuso. Seguía sin creérmelo y se lo dije:

—No me lo puedo creer, ¿entonces no me ha querido nunca?

A lo que ella respondió:

—Los narcisistas solo se quieren a ellos mismos y a ti, solo mientras les sirvas, les valides y les infles el ego.

Se me seguía rompiendo todo. Había muchos momentos en los que pensaba que no era posible que no me hubiera querido ni un poquito, y mi terapeuta me recordaba la lista de los horrores: las veces que, estando enferma, no estuvo; que buscara una casa a mis espaldas; que me engañara aprovechándose de su condición de diabético; que me mintiera a la cara; que siempre desapareciera en los momentos en los que peor estaba; y que me dejara por WhatsApp estando sola en Tailandia, a 8,000 km de mis seres queridos, después de casi cuatro años.

—No, Luz, eso no es quererte, y si a veces piensas que no fue tan malo, es por la disonancia cognitiva que este tipo de relaciones nos crean a veces —me explicó ella.

Las palabras de un amigo fueron todavía más reveladoras y, a la vez, dolorosas por el golpe de realidad que supusieron:

—Tía, es que ya no es que no te quiera, tú te puedes desenamorar y es algo de lo que no estamos libres nadie, pero ¿Dejarte así? ¿Tan lejos? ¿Estando sola? Eso no es que no te quiera, eso es que además de no quererte, no te tiene ni gota de cariño.

Fue bestial. Aún lloro al plasmarlo aquí. Pero la verdad es así de cruda.

Desde ese momento, solo leía sobre *lovebombing*, devaluación, triangulación, descarte, disonancia cognitiva, invalidación, *gaslighting* y un sinfín de términos que no sabía ni que existían hasta ese momento.

Saber de todo eso era lo único que parecía calmar mi ansiedad y mis continuos "por qué".

Por fin, un diagnóstico y un tratamiento: víctima de abuso narcisista, trastorno de estrés postraumático complejo y depresión ligada al duelo.

Poca cosa. Pero la información es poder. Y si cuando me dejó como a un perro en un país extranjero, totalmente sola, ya me prometí a mí misma que no volvería a saber de él nunca más, después de conocer que esta persona jamás se sentiría culpable por nada de lo que había hecho porque, simplemente, es así de disfuncional, ahora me lo prometía con mucha más fuerza.

Tenía que hacer el duelo no solo por una relación que se acababa, sino por una persona que nunca existió. Por una relación que yo pensaba que era idílica y que solo existía en mi mente, por alguien que nunca valió tanto como yo pensé. Alguien egoísta y cruel. Y el mundo comenzó a aterrorizarme.

¿Cómo era posible que no me hubiera dado cuenta? ¿Significaba eso que tampoco podía confiar en mí y en mi capacidad para confiar en quien lo merecía? ¿Por qué no escuché a mi cuerpo todas las veces que me decía que algo no iba bien e intentaba poner cordura, pensando que el problema lo tenía yo, siendo demasiado sensible o una exagerada?

Sentía que me había traicionado a mí misma. Me quedé sin esperanza, con un vacío enorme, sin querer confiar en nadie nunca más. Y en medio de esa desesperanza, me di cuenta de que necesitaba volver a creer en que la gente buena existía. Porque existía. Intenté aferrarme a algo para poder continuar, y mi manera fue buscar a Pablo, mi ex anterior.

Nunca tuvimos nada que ver el uno con el otro y tuvimos que dejarlo por no ser compatibles, pero siempre, siempre supe que Pablo era buena persona: fiel, leal, noble y muy valiente. Cuando le conté lo que me pasó y mi pensamiento de quitarme del medio, lo primero que hizo fue regañarme y decirme que no volviera a decir eso nunca, y desde ese momento volvió a estar en mi vida. Pero esta vez, como amigo. Y no se imaginará nunca lo importante que ha sido para mí que estuviera en ese momento.

Pablo es ese tipo de personas de las que me gustaría rodearme y no puedo más que agradecerle ser paz en momentos de auténtico caos y dolor. Siempre le estaré agradecida.

Celebré mi 35 cumpleaños rodeada únicamente de mi madre y mis tías porque así lo quise. No me apetecía celebrar nada. Aun así, me trajeron mi tarta y pedí mi deseo. Desde entonces, puedo decir que me siento más unida que nunca a mi madre.

Recogiendo los pedacitos

Cuando mi piso se quedó vacío y las chicas que vivían en él se fueron, volví a Madrid.

Seguí trabajando y veía cómo la concentración iba regresando poquito a poco a mí. Me apunté al gimnasio, comencé con un entrenador personal y empecé a ir a pilates en mi barrio. Aprovechaba cualquier oportunidad para ir a escalar en rocódromos, y fue una buena época en la que me salieron varias guardias como enfermera.

La medicación empezó a hacerme efecto poquito a poco y celebré mi cumpleaños con mi gente de Madrid. Me sentí arropada.

Hablaba a diario con mi Jessi. Tenía mi pisito de nuevo para mí sola y mi gata; pinté las paredes y comencé a ver muebles y cuadros para terminar de decorarlo.

Las cosas, poquito a poco, se iban ordenando. Yo comencé a sanar, aunque era muy consciente de que era un proceso largo. Muy largo. Más que ningún otro. Pero ya estaba en el camino de la recuperación.

Fueron unos meses de vulnerabilidad absoluta. Y también de marcar abdominales, porque en la vida me había visto yo esta tableta de chocolate. Tableta que, por cierto, cuando empecé a escribir este libro estaba completamente definida... y que ahora ha vuelto a desaparecer. Al final va a ser cierto eso de que la barriga es la curva de la felicidad.

Recuerdo una anécdota que, hoy en día, me parece divertida, pero que en su momento no lo fue. En una guardia que hice como enfermera, coincidí con lo que, objetivamente, es un chico guapo, fuerte y bastante simpático. Alguien que, sin lugar a duda, en otro momento de mi vida habría llamado mi atención, pero que, por el momento en el que lo conocí, solo pude intuir —ni siquiera reconocer— que era guapo.

Pues resulta que este chico terminó haciendo de psicólogo conmigo cuando empecé a llorar sin poder parar en medio de la consulta. Me estuvo escuchando, animando y acabó recomendándome un libro.

Un libro que, un mes más tarde, y sin que hubiera cruce de palabras entre ellos —obviamente, porque no se conocían—, me terminó regalando una amiga cuando fui a visitarla a Irlanda. ¿Casualidad? No soy mucho de pensar que el destino es así de caprichoso, pero sí puedo contaros que volví a coincidir trabajando con este chico, y que ahora lo conservo como una de esas amistades maravillosas porque es buenísima persona y, además de ser buena gente y psicólogo en momentos de urgencia, te permite recrearte la vista de vez en cuando, sin ánimo de cosificarlo en absoluto. Rubén, si me lees, mil millones de gracias por todos los momentos contigo estos meses.

Durante estos meses, también volví a las aplicaciones de citas con la excusa de que, si una no tenía hambre, habría que comer hasta que el cuerpo lo tuviera. Y no hablo de hambre, precisamente.

Quedé con algunas personas, me eché mis cervezas, pero mi libido estaba bajo cero y mi confianza en el resto del mundo, también. Solo me sirvió para recordarme a mí misma que la vida seguía y que el mar estaba lleno de peces.

Efectos del trauma complejo:
despersonalización

Seis meses después de la ruptura —el tiempo teórico que, según los libros, tarda una persona en superar un duelo—, yo no estaba recuperada. De hecho, en esta etapa fui capaz de darme cuenta de un fenómeno que me estaba ocurriendo.

Tenía la sensación de que Voldemort podía ver todo lo que yo estaba haciendo. Como si viviera en una especie de Gran Hermano. No podía evitar preguntarme qué pensaría si me viera avanzando, mejorando, decorando mi piso, haciendo deporte como una bestia, durmiendo más y mejor, leyendo, escribiendo...

Se lo comenté a mi terapeuta, porque esto me venía ocurriendo todo el tiempo, pero hasta meses después no fui consciente de que seguía comportándome para agradarle a él. Aunque no me pudiera ver. Ella me dijo que era una secuela del trauma y que se llamaba despersonalización.

Seguía estando bastante en la mierda, pero, una vez más, con el nombre de lo que me estaba ocurriendo, volví a ponerme a trabajar en ello. Al final, es solo una forma de seguir esperando la validación de quien, en su día, te hizo sentir invisible. Y la validación tenía que venir únicamente de mí.

Mi psicóloga —porque tengo psicóloga y terapeuta especializada en abuso narcisista— me decía que tengo las partes de mi yo desfragmentadas por el trauma, y que mi trabajo es volver a recomponerlas. Dejar de poner el foco solo en lo malo y hacer también hincapié en lo bueno. Que todo tenga el mismo peso y que me acepte con lo malo y lo bueno.

Me quité las aplicaciones de citas después de conocer a un auténtico imbécil, y eso fue la señal definitiva. Tenía que escucharme. No quiero volver a saber nada del amor hasta que no haya sanado. Y, entre vosotros y yo, si necesito echar un polvo, tampoco necesito aplicaciones. Porque Tinder, si no estás fuerte, puede ser una auténtica jungla.

Sacudida, pérdida de trabajo y vuelta a una redacción

Cuando más concentrada estaba en mi recuperación, sufrí un pequeño revés. Mi empresa tenía que prescindir de mi puesto porque no habíamos conseguido vender ninguno de los proyectos de crímenes en los que estábamos trabajando.

Parece que la oleada de *true crime* para plataformas estaba decayendo, y, o teníamos el próximo Caso Sancho, o no estaban interesadas. Así que me avisaron de que me quedaba un mes, y que, si conseguían firmar algo, me lo harían saber.

El trabajo que tanto me había dado —libertad, la posibilidad de viajar, de crecer, la tranquilidad de poder atravesar una ruptura con un techo y rodeada de mis padres— se esfumaba. Y parecía hacerlo justo cuando yo empezaba a encontrarme mejor.

Multitud de veces me había quejado de que teletrabajar, sola durante tantas horas y sin apenas relacionarme con nadie, en esa situación de mi vida, se me estaba haciendo cuesta arriba. Pero, al fin y al cabo, me había aficionado a cuidarme, a priorizarme y a verme mi tabletica de chocolate de entrenar como una bestia.

Así que me puse a buscar trabajo como una loca. Y, antes de darme cuenta, me vi con dos. De vuelta a una redacción y con un contrato largo en los servicios de urgencias de enfermería de la Comunidad de Madrid, de noches y fines de semana. A tope una vez más, o facturando, como dice Shakira.

Que hay un libro que pagar, unos óvulos que congelar y muchos viajes que hacer. Y así es como estoy ahora mismo: trabajando de enfermera en un PAC sin médico de Madrid, cubriendo una baja de paternidad (y esto daría para otro libro, sin duda, pero no mío, sino de todo lo que hacen los profesionales de la salud en su día a día por los demás); de redactora en un programa de actualidad en la pública (esto da para otro, pero por tema de derechos mejor me callo y, cuando me retire, si eso, lo cuento todo entero sin miedo a que no me vuelvan a contratar en ningún sitio); escribiendo un libro, aunque de esto ya me quedan los retales solo; teniendo cada vez menos citas y cada vez más lorzas de nuevo por la falta de tiempo para ir al gimnasio; pero otra vez independiente. Y en paz.

Otra vez, de enfermera y periodista. Fantaseando con la tele y poniendo el ancla con la enfermería. Y así quiero seguir siempre que pueda, o hasta que mi cuerpo no pueda más. Pero algo me dice, por todo lo soportado en los últimos años, que puedo soportar. Y mucho.

Futuro y esperanza

Lo bonito de haber escrito este libro es poder echar la vista atrás a mi vida. Han sido solo 35 años, pero muy intensos y bonitos. Llenos de experiencias. Tanto para lo bueno como para lo malo. Quizás sea muy joven para escribir una autobiografía, pero el tener la oportunidad de darte la voz que habías perdido debería ser algo a lo que todos tuviésemos derecho, y eso he pretendido con este proyecto: hacer algo por y para mí en un momento de mi vida en el que me había perdido por completo.

Creo que lo que he vivido ha sido duro, divertido, curioso y emocionante. Creo que hay muchas anécdotas dignas de compartir, y lo mejor es que seguimos aquí para seguir creándolas.

Me hubiera gustado hablar mucho más de televisión y de enfermería, pero este libro es algo mucho más personal, donde expongo mis vulnerabilidades como nunca había hecho y donde me abro en canal. Me gustaría que, cuando se lea, me imaginéis a mí contándolo. Que tenga mi sello y mi identidad. Porque es el proyecto personal más grande y bonito que jamás he hecho. Y, aunque no descarto más adelante escribir más sobre la investigación en la televisión —algo que me apasiona— y la estoicidad de los sanitarios, algo que no puedo admirar más y de lo que intento aprender y mejorar día a día, este libro es mucho más que televisión y enfermería. Soy yo entera. Con mi historia. Mis debilidades, fortalezas y sueños.

Precisamente de sueños me gustaría terminar hablando. Cada día tengo más ilusiones en la cabeza, y lo mejor de todo es que intento sacar tiempo —con dos trabajos a jornada completa— para sacarlas adelante. Con paciencia y sin perder el foco. Poniendo la atención en lo importante: en mis valores, en cómo me gustaría aportar a este planeta. Y aunque sigo redescubriéndome después de haberme perdido, voy teniendo cada vez más claro lo que quiero.

Hacer reír a los demás, hacerles la vida más sencilla a quienes quiero, cuidar y que me cuiden, comprender el mundo conociéndolo lo mejor posible. Y para eso es necesario explorarlo, sin juzgarlo, y denunciar las injusticias.

Y en eso ando.

No necesitas ser aceptado por los demás. Solo necesitas aceptarte a ti mismo. Kren Salmansohn

Epílogo

Renacer...

Hablar de duelo no es algo sencillo. Sobre todo, porque aún sigo inmersa en él, meses después. Cuanto más nos involucramos con algo o alguien, más cuesta recuperarnos de esa pérdida. Y yo me involucré con una persona que no era como pensaba, más que nunca antes.

Estuve con una persona que me hizo pensar que era increíble, me convencí de que era mejor que yo y, en mis peores momentos, no solo no estuvo presente, sino que me mintió deliberadamente, me traicionó, me faltó al respeto, me ocultó información y me dejó de la peor manera posible. Esos son los hechos. Y eso no lo hace quien te quiere. Ni siquiera lo hace quien te tiene una gota de cariño.

Un duelo por una ruptura es algo por lo que pasan muchas personas a lo largo de su vida. No me hace más especial, ni más fuerte, ni me convierte en una víctima —un término del que intento huir con todas mis fuerzas—, pero haber pasado por esta relación ha sido un antes y un después para mí.

Tampoco me hace diferente el hecho de que se trate de un duelo por una relación narcisista, pero sí me compromete con quienes puedan estar atravesando algo parecido. Ojalá yo hubiera tenido en aquel momento la información de la que dispongo ahora, y por eso lo dejo todo plasmado aquí: para construir mi propia narrativa —algo fundamental después de haberte quedado sin voz— y porque alguien puede verse reflejado, y al leer esto, motivarse a informarse más y salir del ciclo del abuso.

Mi modo de entender la vida ha cambiado y, por qué no reconocerlo, ahora lo veo todo más gris. Confío menos en las personas. Ya no pienso que todo el mundo tiene su parte buena y que simplemente hay que "tocar el botón adecuado" para comenzar a verla con un poco de paciencia. Ahora sé que la maldad está más presente de lo que pensaba. Y muchas veces viene motivada por un exceso de ego y una ausencia de empatía. Por puro egoísmo.

A veces, la esperanza deja de ser el mejor combustible y se vuelve peligrosa, porque te mantiene anclada a lugares que, de otra forma, habrías abandonado hace tiempo.

Estoy mejor sin tener a alguien así de egoísta a mi lado, pero jamás debí pasar por eso. Y ojalá nunca le hubiera conocido.

A pesar de todo, tengo que estar agradecida porque ya no estoy con alguien así y, ahora, soy más feliz. Más libre. He vuelto a recuperar mi voz y mi criterio. Mi energía va destinada enteramente a mí, y no a hacer sentir seguro y superior a alguien para quien jamás fui una prioridad.

No hay que tener prisa. Hay que tenerse compasión. Hay que escucharse. Discernir. Ese verbo es el que más me está ayudando últimamente. Y en eso ando: centrada en mí. Ya no en ser cada día un poco mejor, sino en encontrarme cada día un poco mejor. Y en quererme así, con mis luces y mis sombras. Con mis miedos, mis dudas, y con la fortaleza que soy capaz de sacar de cualquier situación adversa. En poner en valor mis cualidades. En volver a recuperar mi esencia. En luchar por mis ilusiones.

El proceso es lento. Muy lento. Pero está siendo tremendamente enriquecedor y bonito. Nunca me había considerado una persona fuerte. No solo soy fuerte, sino que, a pesar del dolor, sigo teniendo esa curiosidad por la gente. Sigo creyendo en las segundas oportunidades, en las personas y en la bondad. Siempre hay gente buena a tu alrededor para sostenerte.

Hemos venido aquí a vivir. A jugar. A experimentar. Y la valentía de atrevernos a hacer cosas es lo que nos hace sentir vivos. Tanto si sale bien, como si sale mal. Las personas intensas tenemos esa suerte: la de no vivir a medias. Y si puedo dar algún consejo, solo será uno, aunque nadie me lo pida. Tened compasión con la gente que os rodea, porque no sabéis con qué guerra están lidiando. ¡Sed amables y sonreídles! Muchas veces una sonrisa y un "¿cómo estás?", puede salvar a alguien.

Apéndice

Carta de desamor

Eres esa persona con la que hice las cosas mejor que con nadie. Incluso mejor que conmigo misma.

Amé con locura a la persona que me hiciste creer que eras. Es una pena que nunca hayas existido. Y aún más pena da saber que jamás vas a existir, porque nunca te cuestionas a ti mismo.

Porque crees que todo lo que haces está bien. Porque nunca asumes tu responsabilidad. Porque proyectas tu culpa y tu vergüenza en quien tienes enfrente. Porque cualquier comentario negativo sobre ti lo tomas como un ataque, en vez de como una crítica constructiva o una posibilidad de crecer y ser mejor.

Porque no estás nada trabajado ni tienes intención de hacerlo.

Porque no tener empatía, que todo te resulte insuficiente, que todo te canse y que cualquier persona que no te dé siempre la razón y no te eleve no te interese, debe ser realmente frustrante.

Te diría que no es tu culpa, pero sabes perfectamente discernir entre el bien y el mal, y sí es tu responsabilidad tratar como una mierda a las personas que te quieren.

Eres esa persona a la que le di igual. La que no me quiso entender. La que no quiso ponerse en mis zapatos. La que me arruinó la boda de mi mejor amiga y el viaje de mi vida.

La decepción de mi vida.

Y no, no te perdonaré jamás para sanar, porque me conformaré con que me seas indiferente.

Sobre el autor

Luz María Mora Peinado ha vivido lo suyo y ha salido del otro lado con un par de cicatrices, muchas historias y una energía que haría palidecer a una batería de larga duración.

Se define a sí misma como valiente, leal y trabajadora, lo que viene siendo una heroína de la vida cotidiana, pero sin capa (porque estorba). Divertida por vocación, sensible por naturaleza e intensa por... bueno, por genética o destino, la cuestión es que no sabe hacer las cosas a medias. Si se ríe, se ríe fuerte, si llora, también. Y si lucha por sus sueños, que tiemble el mundo porque va con todo.

La justicia es su talón de Aquiles: le enerva la falta de ella y le frustra hasta el punto de querer escribir ensayos enteros al respecto. Además, le atribuyen el ser graciosa, pero eso es algo que dicen sus amigos y, como son parciales, mejor tomárselo con pinzas. También dicen que es bondadosa, que tiene valores sólidos y que no es de las que pisan cabezas para subir. Ojo, que eso no significa que no sepa abrirse camino, solo que lo hace sin dejar cadáveres en el proceso.

Dicen que es inteligente. Ella, en un alarde de modestia, no se lo termina de creer, pero tampoco lo desmiente del todo. Lo que sí reconoce es que es fuerte, porque la vida le ha puesto unas cuantas pruebas y, aunque a veces pensó que no saldría ilesa, aquí está, dándole forma a sus historias y persiguiendo nuevas ilusiones. Porque si algo la define es que siempre tiene un sueño entre manos, y cuando no, se inventa uno.

Y así es ella: risueña, intensa, justa y con un stock inagotable de energía. Una soñadora con los pies en la tierra... pero la cabeza en las nubes, que es donde está lo interesante.

Desde pequeña, Luz María ya mostraba ese carácter fuerte que la haría destacar más adelante. Su madre la describe como una niña que siempre guardó en su corazón cada experiencia, cada detalle que para otros pasaba desapercibido. Desde temprana edad quiso ser tenida en cuenta y encontró en la escritura una forma de expresarse. Creativa, divertida, responsable y luchadora, su familia siempre apostó por ella, sabiendo que valía la pena. Y el tiempo les dio la razón: hoy es una mujer independiente, capaz de sacar lo mejor de sí misma sin necesidad de apoyarse en nadie.

Sus amigas lo confirman:

Chari:

"Luz está llena de alegría y bondad, ilumina a todo aquel que disfruta de las maravillas que cuenta. Pero ella jamás se va a ver como lo que realmente es: una mujer independiente, super eficaz en todo lo que hace y con una valentía enorme".

Esmeralda:

"Conocí a Luzma en primero de la ESO. Es leal como nadie: si quiere algo, lo consigue. Valiente e intensa —el miedo no la paraliza—, ha viajado sola o acompañada, sin depender de nadie. Es un lujo ser su amiga, aunque con sueño se vuelve 'insoportaaaaable' y con la comida no se juega. Ojalá yo esté en su vida siempre"

Para algunos, puede ser incomprendida; para otros, una persona

invaluable, pero en lo que coinciden la mayoría es en que su presencia no pasa desapercibida, para bien o para mal.

Y eso es Luz María: una persona normal que ha tenido que aprender a ser valiente, un torbellino incansable de energía y coleccionista de pequeñas anécdotas que hacen de su vida una historia que merece ser contada.

Agradecimientos

Quiero agradecer a mi familia, que me arropó como nunca en mi peor momento, y que, meses después, sigue a mi lado. Porque tengo el entorno más valioso que alguien pueda desear

Gracias, mamá. Por escucharme. Por intentar entenderme, a pesar de nuestras miles y miles de diferencias. Por volver a acogerme en casa con 35 años, por obligarme a comerme una tarta en mi 35 cumpleaños. Por darme paz y consuelo cuando todo a mi alrededor se desmoronaba.

Gracias, papá, por preguntarme siempre por cada programa de televisión en el que trabajo, aunque lo que de verdad te dejaría tranquilo sería que me sacara una oposición de enfermera. Gracias por seguir la actualidad más que yo y recordarme por qué me gusta tanto el periodismo.

Gracias a mis mositas, por su tremenda paciencia conmigo, por estar siempre. Y, en especial, a Ely, Chari y Esme: solo vosotras sabéis el fondo en el que estuve.

Gracias Jessi, porque estuviste sin que te lo pidiera en mis momentos más oscuros, porque te quedaste cuando todo empezaba a recomponerse, porque te quiero siempre cerquita de mí.

Y gracias, Celia. Por ser siempre inspiración. Porque te admiro muchísimo. Por ser la única que no dudó ni un segundo ante la idea de publicar este libro. Por hacerme ver los motivos para hacerlo. Porque, gracias a ti, me he dedicado un tiempo y unas energías maravillosas. Gracias por ser el impulso necesario en el momento perfecto. Porque este libro existe gracias a ti.